이원종 전 충북지사의 현장사례

공공정책과 기업가형 리더십

이원종 유민봉

博 英 社

PREFACE

머리말

인생사란 문제풀이의 연속이다.

우리가 세상을 살아가는 동안 일상의 사소한 문제에서부터 운명이 바뀌는 시련이나 과제에 이르기까지 우리가 풀어가야 할 문제들은 너무나도 다양하다. 어떤 문제들은 우리에게 기쁨을 주고 보람과 용기를 주지만 또 어떤 문제들은 실망, 실패, 좌절을 맛보게 하기도 한다. 이러한 문제들은 풀어가는 과정에서 우리를 성장하게 하고 더 많은 문제, 더 어려운 문제를 풀어간 사람일수록 더 큰 성취와 성공의 보람이 주어진다.

특히 공공기관이나 기업 등 공사를 막론하고 큰 책임을 맡은 사람들에게는 어려운 문제, 힘든 문제, 꼭 넘어야 할 문제가 더 많이 주어지고 그 결과는 개인의 영역을 넘어 국가 사회에 이르기까지 폭넓게 영향을 미친다. 그것은 지방자치 분야에 있어서도 예외가 아니다.

1961년 5.16으로 중단되었던 지방자치는 1995년 본격적인 민선자치 시대를 열면서 수많은 과제와 문제점들을 수반하였다. 중앙정부와 지방자치단체간의 관계에서부터 지방자치단체 상호간과 자치단체 내부의 문제에 이르기까지 복잡한 양상을 드러내면서 풀어야 할 문제들이 쏟아져 나왔다.

저자가 국민의 정부로부터 참여정부에 걸치는 8년간 충청북도지사를 역임하면서 제일 먼저 직면하게 되었던 문제는 중앙정부의 제한적인 틀과 크게 신장된 주민 욕구간의 충돌이었다.

그리하여 우선 도민들에게 희망을 주기 위해 도정의 캐치프레이즈를 Biotech로 열어가는 Utopia란 뜻의 '바이오토피아Biotopia 충북' 으로 정하고 21세기 부강한 나라로 향하는 긍지와 자신감Mental Infrastructure을 불어넣는 일에 착수하였다. 제 1 장에서 제 4 장까지가 이 문제를 풀어가기 위해 노력하였던 사례들이다. 두 번째로는 누적된 숙원사업들을 해결하고 지역발전을 앞당기기 위해 중앙정부와 투쟁하고 타 지방자치단체 등과 갈등을 겪으면서 문제들을 풀어나간 사례를 제 5 장에서 제11장까지 다루었다. 세 번째로 제12장에서는 부실한 계획, 열정의 부족으로 시간과 예산만 낭비한 실패 사례를 소개하였다.

이 책을 출간하는 목적은 저자가 겪은 제한적인 경험이긴 하지만,

첫째, 행정학도들에게 행정 현장의 실제를 소개하고 지혜를 얻게 함으로써 학문의 실용성을 높이면서 지도자로 성장해 나가는 데 기여코자 하는 것이다. 공직의 경험이 학문의 발전에 직접 기여하지는 못하더라도 학문을 하는 많은 사람들에게 유용한 통찰력을 제공하고 이론화에 기여할 수 있을 것이다.

둘째, 후배 공직자들의 업무처리에 도움을 주기 위한 것이

다. 특히 지방행정 분야에서 해결해야 할 과제들은 지역마다 대동소이하므로 도움이 되는 사례는 취하고 실패한 것은 반면교사로 삼아 행정의 시행착오를 줄여나갈 수 있을 것이다.

셋째, 정부나 기업의 간부와 CEO들에게도 도움이 될 것이다. 인간의 속성이란 근본적으로 비슷한 것이므로 조직운영이나 직원통솔 등 조직 목표를 달성하는 과정과 방법은 공사조직간에 별 차이가 없을 것이기 때문이며 각 사례를 통하여 공무원의 의식이나 행정조직의 특성을 이해하는 데에도 도움이 될 것이다.

본서는 저자의 경험을 토대로 성균관대학교 국정관리대학원에서 강의한 사례들을 정리한 것인데 이는 특정자치단체장으로서 판단하고 실천한 내용이므로 독자의 입장에 따라 견해를 달리할 수도 있을 것임을 양해하여 주기 바라며 리더에게 꼭 필요한 다음의 세 가지를 전할 수 있다면 큰 기쁨이 아닐 수 없다:

비전을 제시하라
열정을 쏟아라
통합하여 함께 가라

본서가 나올 수 있도록 계기를 만들어 주신 성균관대학교 서정돈 총장님과 전 과정을 통하여 정성을 쏟아 주시고 복잡한 실무사례를 일일이 분석하여 학문적 틀 속에 승화시켜 주신 공동 저자 유민봉 국정관리대학원장님께 경의를 표하며 기꺼이 출판을 맡아 주신 박영사에 감사드린다.

2008. 12.

이 원 종

PREFACE

머리말

2006년 초 성균관대학교의 추가 캠퍼스 부지를 물색하던 중 충청북도 오송을 둘러볼 기회가 있었다. 그 자리에 동행한 서정돈 총장님께서는 3선 출마를 하지 않기로 결심한 이원종 지사님의 용단을 높이 평가하면서 그동안 도정을 이끌어 온 경험을 책으로 발간한다면 현직의 공무원은 물론 행정학 발전에도 큰 도움이 될 것이라면서 현장의 산 지식을 사장시키지 말 것을 간곡히 부탁하셨다. 그것 참 좋은 말씀이라고 맞장구를 치다가 작은 불똥이 나에게 튀고 말았다. '이 지사님이 현장의 사례를 쓰고 유 교수가 이론적으로 보강하면 아주 좋은 작품이 나오지 않겠느냐' 는 총장님을 포함한 주변의 권유가 하나의 프로젝트가 되고 말았다.

이 지사님은 2007년 봄학기부터 국정관리대학원 석좌초빙교수로 오셔서 강의를 시작하였고 계속 사례를 발전시켜 그 해 연말에 이미 상당한 사례를 나에게 넘겨주셨다. 하지만 기획조정처장의 본부 보직을 맡고 있던 저자는 도저히 시간을 내지 못하고 원고만 사장시키고 있었다. 겨우 금년 2008년 4월 보직에서 물러나서야 원고에 관심을 가질 수 있었다.

처음에는 각 사례를 행정 이론과 모형을 적용해서 새롭게 구성하는 작업을 생각하고 학과 교수님들께 각 사례에 적합한 이론, 모형, 개념에 대한 아이디어를 구했다. 그런 큰 작업을 구상하다 보니 이 지사님께서 정성을 들여 완성한 원고를 상당히 다시 써야 하는 작업의 부담이 생겼고 무엇보다도 이 지사님의 친필에서 녹아나는 지사님의 열정과 진정성을 전달할 수 없다는 것을 깨닫게 되었다. 그래서 생각해 낸 것이 전체 12개 사례에 일관되게 흐르는 아이디어를 찾아 하나로 묶는 것이었고 그것은 민간기업의 CEO에게서 찾아볼 수 있는 모험, 도전, 열정의 기업가형 리더십이라고 보았다.

기업가의 행태는 안전과 안정을 바라는 관료의 행태와는 다르다. 기업가는 기꺼이 위험을 감수하더라도 끊임없이 혁신적 아이디어를 개발하고 제품화해서 기존 질서에서는 기대할 수 없는 새로운 가치를 창출하는 사람이다. 정부의 정책결정자들도 현실에 안주하지 않고 적극적으로 새로운 정책 아이디어를 발굴하고 그것을 정책으로 성사시키는 도전 정신이 필요하다. 바로 정부의 정책 개발과 결정과정에서 이런 기업가의 행태를 개념화한 것이 정책기업가policy entrepreneur 이론이다. 제13장에서는 정책기업가의 개념적 설명을 먼저 한 다음 그 개념을 앞의 12개 사례와 연결시켜 이 지사님의 정책기업가적 특성을 분석하였다.

여기 소개한 리더십 사례는 이 지사님의 출간 목적에서도 밝혔듯이 자치단체장, 현직 공무원, 그리고 행정학도들에게 정부에서 '일을 성사시키는 데 있어 리더십의 핵심'이 무엇인지에 대한 많은 교훈을 줄 수 있다고 믿는다. 그런 기대에 저자의 개념적 분석이 조금이라도 기여하기를 바라는 마음이다.

끝으로 이번 사례를 정리하고 분석하는 데 아이디어를 주신 행정학과의 이명석 교수님, 권기헌 교수님, 정문기 교수님, 박형준 교수님께 감사드린다. 그리고 초고의 교정을 보아 준 허현강 군과 주저 없이 출판을 결심해 준 박영사에 감사한 마음을 전한다.

2008. 12.

유 민 봉

CONTENTS

차 례

Leadership

1

바이오 엑스포 개최

Mental Infra 건설

바이오에 대한 주민들의 무관심을 극복하고 선진 의식을 공유케 함으로써 지역의 경쟁력을 높여간 사례

* 본 사례의 상세한 내용은 2003. 4 조직위원회 '2002 오송 국제 바이오 엑스포 결과보고서' 참고.

오송국제바이오엑스포
Bio Expo Korea 2002

1

바이오 기술의 의의

1950년대는 인류가 무한대無限大와 무한소無限小를 동시에 추구했던 시기이다. 1957년 소련은 최초의 인공위성 스푸트니크 1호를 지구궤도에 올려놓음으로써 무한대로 펼쳐진 우주공간에 도전하였고 1953년 미국의 왓슨과 크릭은 DNA의 2중 나선구조를 발견함으로써 무한소의 세계인 인간의 유전자를 엿본 시기이다. 그 이후 반세기가 지난 2001년 2월 국제컨소시엄인 인간게놈프로젝트HGP와 미국의 생명공학 벤처인 셀레라 지노믹스Celera Genomics의 크레이그 벤터 등은 인간 유전자지도 완성을 발표함으로써 30억 쌍이 넘는 염기서열을 밝혀내고 4천여 종의 난치병 치료의 길이 열리게 되었다. 즉 인간생명의 생노병사에 관한 열쇠를 갖게 된 것이다.[1)]

1) 생존이란 관점에서 볼 때 이류의 역사는 정복의 역사라기보다 적응의 역사였다. 그러기에 찰스 다윈도 생존하는 것은 강한 종(種)이 아니라 적응에 성공한 종이라 하였다. 인류는 4차례의 빙하기를 겪으며 400만 년의 긴 여행을 거치는 동안 기후, 환경, 여건 등 많은 변화 속에서 도전과 적응을 반복하며 농업혁명, 산업혁명, IT혁명, BT혁명을 거치며 진화하고 있다. BT혁명 이전의 농업, 산업, IT혁명의 주요 내용은 다음과 같다:

인간의 영원한 꿈은 불로초를 찾던 진시황의 소망처럼 무병장수의 풍요로운 삶을 누리고자 하는 것이므로 전 세계는 포스트 게놈 연구에 불이 붙었고 시장규모도 폭발적으로 확대되어 가고 있다. 불치병과 난치병을 해결할 신약개발과 장기의 교체, 개인별 특성에 따른 맞춤 의약, 스마트 필, 진단과 예방, 노화방지 등에 이르기까지 바이오산업은 꿈의 신산업으로 자리매김하였고 머지않은 장래에 인간의 평균 수명을 120세로 올려놓을 것이다. 바이오산업은 이와 같은 의약부문만이 아니라 기아와 식량문제, 환경문제, 에너지문제 등 인류가 해결해야 할 모든 산업부문에서 응용과 융합을 통해 영역을 확대해 나가고 있어 21세기 번영의 나라로 건너가는 유일의 다리요 최고 최선의 생존전략이라 할 수 있다.

---

(1) 농업혁명

인류역사 400만 년의 99% 이상이 수렵과 채집의 시대였다. 그러나 약 1만 년 전 빙하기가 끝나면서 건조기가 시작되고 식량 구하기가 어려워진 사람들은 비옥한 땅을 찾아 정주하면서 인류 최대의 발명인 농업을 시작하였다. 이로써 사람과 토지와의 관계는 긴밀해지고 곡물중심의 농경사회가 이루어졌다. 농업에서 발생한 잉여농산물은 힘 있는 자의 통제권에 들어가면서 권력을 탄생시키게 되었다.

(2) 산업혁명

18세기 영국에서 시작된 기술혁신은 사회경제구조의 변혁을 통해 농업중심사회에서 공업사회로 이행되었다. 기술과 화석연료의 결합은 대량생산을 통하여 풍요롭고 편리한 세상을 만들었고 도시화와 대중사회로의 진전은 기존 가족구조와 가치관을 변화시킨 반면 세속주의, 환경오염, 빈부격차, 노동문제 등 많은 문제들이 생겨났다.

(3) IT혁명

컴퓨터, 통신, 소프트웨어가 융합된 정보화 기술은 밤이 없는 세계, 빛의 속도로 일하는 세계를 등장시킴으로써 산업화시대에 공간을 정복하였다면 정보화시대에는 시간을 정복한 시대를 열어놓았고 바이오 시대에는 물질을 정복하게 될 것이다.

2
충북 충북인

충북은 외부로부터의 자극이 비교적 적었던 평화로운 지역이었고 충북인은 정직하고 선량하며 신의와 체면을 중시하고 남에게 피해를 주지 않으려는 선한 심성을 가지고 있다. 국토의 한 복판에 있어 외침 등 환란이 있을 때나 태풍 등 자연재해도 타 지역을 거친 후 2차적 영향을 받거나 비껴가는 경우도 많이 있어 축복의 땅이기도 하지만 새로운 사조나 문물에 접하는 속도는 늦을 수밖에 없었다. 평온한 농경문화의 전통사회 속에서 오랜 세월 동안 안주해 온 주민들은 안정적이며 보수적인 성향을 띠게 됨으로써 새로운 변화에 대해 거부감을 갖게 되는 것이다. 지난 날 개발 연대를 거치면서도 안정을 추구하며 변화에 소극적이었던 지역정서로 인해 농업 위주의 전통산업을 탈피하지 못한 채 충북의 발전을 뒤처지게 하였다.

1998년 지방선거를 통하여 선출된 민선 2기 도정책임자로서, 뒤쳐진 충청북도가 앞서가는 선진지역으로 탈바꿈하려면 21세기의 생존전략인 Biotech산업을 따라잡는 길 이외에는 해법이 없다고 판단하고 오송 생명산업단지 등 Biotech산업을 추진하였으나 바이오에 관심을 기울여 주는 사람이 없고 지방행정과는 무관한 소수 전문가들의 일로 백안시하는 분위기였다. 참모 등 주변에서부터 영향권 내에 있는 도민들에 이르기까지 관련자들의 협조와 동참 없이는 어떤 정책도 성공시킬 수 없는 것이다. 그러므로 구체적 사업을 펼치기 전에 생명산업이 무엇인지, 왜 중요한지, 바깥세상은 어떻게 변해가고 있는지를 모두에게 이해시키는 것이 선결과제로 생각되었다. 그리하여 도민들의 머릿속에 Biotech라는 새로운 프론티어 개척의 필요성을 인식시키기 위하여 세계적으로도 유례가 없는 장장 30일간의 바이오 종합 엑스포를 개최하기로 결심하였다.

3

바이오 엑스포 개관

개최 목적

2002 오송 국제 바이오 엑스포를 열개된 목적은 다음과 같다.

① 미래사회의 경제엔진이라 불리는 바이오산업의 내용과 중요성에 대한 국민적 이해를 넓힘으로써 바이오 정책에 대한 공감대와 호응도를 높이고,

② 세계적 전문가와 석학들이 참여하는 학술대회를 통하여 바이오산업 발전기반이 되는 연구 학술 정보의 교류 및 집적의 계기를 조성하며,

③ 국내외 유수 바이오 기업의 신기술과 신제품 전시를 통해 정보교환 및 수출입 상담으로 기업의 활로를 열어 주는 한편,

④ 한국 최초로 조성하는 오송 생명단지의 국제적 홍보를 통하여 세계적인 기업과 연구소 등을 유치함으로써 선진국의 바이오산업을 따라잡는 계기를 마련한다.

행사개요

- 명칭: 2002 국제오송바이오엑스포
  - 주제: 생명 속의 생명
- 기간: 2002. 9. 25～10. 24(30일간)
- 장소: 청주시 주중동(구 종축장 부지)
- 활용면적: 92,500평
- 소요예산: 245억 원
  - 국비 60억 원, 교부세 55억 원, 도비 90억 원, 수익사업 31억 원, 기타 9억 원
- 관람객: 802,000명
- 공동주최: 보건복지부,[2] 충청북도

엑스포 장(場)의 구성

엑스포 개최 장소는 과거 종축장으로 활용되던 92,500평의 완만한 구릉지로서 청주시내 외곽의 대로에 접해 있을 뿐만 아니라 고속도로, 철도, 청주국제공항과 연결성이 뛰어나 최적의 입지로 평가되었고 다음과 같이 4개의 구역으로 구분하여 조성되었다.

제 1 Zone

진입광장을 통하여 주제광장에 이르면 생명의 탄생과 조화를 다룬 기념동산이 조성되었고 그 중심부에 바이오 엑스포 상징물이 세워졌다. 18m 높이의 상징물은 하늘을 향해 두 팔을 높이 든 사람의 모습과도 같지만 생명의 신비를 간직한 염색체를 표현한 것이며 본체

2) 이후 정부 부처, 기관, 단체 등은 민선 2～3기 당시의 명칭을 그대로 사용하였음.

를 둘러싼 네 개의 공은 네 개의 염기인 아데닌Adenine, 티민Thymine, 구아닌Guanine, 시토신Cytosine을 나타낸 것이다. 본 구역에는 운영본부와 서비스센터도 함께 설치되었다.

제 2 Zone-교육의 장

생명현상을 다룬 중심 전시관으로 바이오에 대한 이해와 생명과학을 통하여 얻게 될 혜택을 인식시키는 교육에 중점을 두고 생명관, 의약관, 미래관의 3개 전시관을 두었다.

각 전시관의 내용은 다음과 같다:

- **생명관**생명에 대한 본질 인식: '생명의 빛' 을 주제로 한 본 전시관에서는 생명의 탄생과 본질을 인식하기 쉽게 우주와 지구의 생성에서 생명의 탄생까지 과정을 보여주고 탄생된 생명체의 특성, 진화, 번식, 세포, 활동, 다양성 등을 알기 쉽게 전시하였다. 또한 1953 DNA 발견부터 2001 Genome 지도 완성까지 발전사를 보여 주면서 Genome Project와 생명의 비밀을 이해할 수 있도록 하였다. 영상관에서는 생명체가 자기의 DNA를 물려주며 대를 이어가는 현상을 보여 주면서 Biotechnology가 우리의 미래를 풍요롭고 아름다운 세상으로 만들 수 있는 약속임을 보여주었다.
- **의약관**인간 Genome/질병 없는 삶: 당신도 120세를 살 수 있다. '인류의 꿈' 을 주제로 한 의약관에서는 인간이 피할 수 없는 생노병사의 사이클과 동서양 의약의 발자취를 통해 인류가 무병장수를 향해 기울여 왔던 그간의 노력과 대비하여 바이오 테크로 달라

지는 의료의 미래를 제시하였다. 예로써 유전자 기능의 규명과 최신 바이오 치료, 맞춤의약, 인공심장 등 장기교체, 질병유전자 검사, 바이오 칩 등을 소개하고 빈혈치료제 EPO, 성장호르몬, 인터페론, 인슐린 등 금값의 수만 배나 되는 고가의 바이오 신약도 전시하였다. 영상관에서는 몸속에서 암세포와 싸워 승리하고 돌아오는 나노 로봇 마이크로 오딧세이를 상영하여 미래의 유전자 치료를 실감할 수 있게 하였다.

- **미래관**동식물 Genome/풍요로운 사회: Biotech는 산업 전반에 적용되어 우리의 삶을 풍요롭게 만들어 가는 미래에 대한 약속으로서 3개관으로 구성하였다.
  - 소재관제 4 의 물결 바이오테크: 소재관에서는 석기시대, 청동기시대, 철기시대를 거쳐 플라스틱 시대까지 인류가 개발하고 사용해 온 소재 발전의 역사를 뒤돌아보았다. 그러나 아무리 성능 좋은 비행기라도 파리의 자유로운 동작을 따라갈 수 없으며 강철보다 10배 강한 거미줄이나 박쥐의 음파탐지 등과 같이 생명체의 능력은 인간의 과학기술을 능가하고 있다. Biotech는 이러한 생명체의 능력을 이용하여 자원고갈이나 환경오염도 없는 꿈의 신소재를 통하여 풍요로운 미래를 열어가는 데에 초점을 두었다.
  - 식량관제 2 의 녹색혁명: 식량을 얻기 위한 인류의 계속된 노력은 3대작물, 즉 다양하게 이용되는 옥수수, 아시아의 식량 쌀, 가장 오랜 식량인 밀을 탄생시켰으나 식량위기에 시달리는 빈곤지역은 넓게 분포되어 있다. 식량관에서는 식량을 얻기 위해 그동안 인류가 기울여 온 노력과 그 결과물을 전시하

고 발효에서부터 교잡, 조직배양, 세포융합, 유전자 재조합 등 식량개발 분야에 이용되고 있는 바이오 테크의 이용과 가능성을 전시하였다. 아울러 이곳에서는 빈곤 문제를 해결해 줄 식량 문제에서부터 영양과 맛에 이르기까지, 그리고 항체달걀, 백신감자, 배양산삼과 같이 생체조절기능과 함께 질병의 예방 등 식량의 3차 기능을 가진 미래의 기능성식품에 대한 메시지도 함께 다루었다.

— 환경 · 에너지관새로운 삶의 터전: 산업화시대 에너지 이용 실태와 그로 인한 환경파괴, 이를 극복하기 위한 생명과학 분야의 과제를 제시하였다. 향후 인류의 과제인 에너지 고갈과 환경파괴에 대비하기 위한 바이오매스에너지, 생체에너지, 수소에너지, 미생물을 이용해 오염물질을 없애는 바이오 필터 등을 이해토록 하고 노아의 방주 프로젝트를 통하여 멸종위기에 처한 생명체의 복원과 DNA 은행 등 종의 보존과 환경보존의 필요성도 전시하였다.

제 3 Zone-바이오산업 및 학술의 장

제 3 Zone은 바이오산업의 내용과 정책을 소개하는 바이오 산업관, 국내외 기업과 연구소를 소개하는 바이오 기업관, 그리고 국제학술 대회 등 학술의 장인 바이오 학술관으로 구성되었다.

각 관의 내용을 보면,

• **바이오 산업관**: 이곳에서는 바이오산업이 가지고 있는 고부가치의 경제적 잠재력과 산업 전반에 미치는 영향과 세계 동향

등을 전시하였으며 3개의 관으로 구분하였다. 정부관에서는 보건복지, 과기, 농림, 산자, 환경, 해수부 등 6개 부처의 바이오 정책과 주요 성과를 소개하였고 시도관에서는 서울에서 제주까지 16개 시도가 경쟁적으로 바이오 정책을 전시하였으며 충북관에서는 충북 홍보와 아울러 바이오 코리아의 중심지가 될 오송 생명과학단지가 구체적으로 소개되었다.

- **바이오 기업관**: 기업관에서는 국내외 기업들의 투자, 정보, 비즈니스 교류의 장이 만들어 졌다. 또한 바이오 관련 기술과 제품, 장비와 신소재 제품들이 소개되고 홍보되었다. 여기에는 해외 18개국의 129개 업체와아시아 3, 유럽 11, 북미 2, 호주, 쿠바 국내 107개 업체 등 총 236개 기업 및 단체가 참여한 바이오 관련 기술과 제품을 소개 전시하고 정보교환이 이루어졌다.
- **바이오 학술관**: 엑스포 개최기간 30일 동안 학술관 및 세미나관에서 심포지엄, 세미나 등 바이오관련 학술회의가 계속 되면서 노벨상 수상자 등 세계적 석학, 전문가, CEO 등 2만여 명이 참여하였다. 기간 중 오송 국제심포지엄, 국제 바이오학술회의, 국제 한의학학술대회 등 국제회의 3회와 한국생물공학회, 대한약리학회 대한약학회, 한국미생물학회 등 4회의 국내 학술대회가 열렸다. 아울러 기업과 투자자, 산자부 식약청 등 정부기관과 연구기관이 참여한 비즈니스 포럼에서는 프리젠테이션, 정책포럼, 투자포럼, 기술이전포럼, 수출입상담 등이 폭넓게 이루어졌다. 다만 컨벤션 시설이 전무한 청주의 여건 때문에 가설건물 내에서 인근 비행장 소음에 시달리며 국제회의를 진행할 수밖에 없는 현실이 부담스러운 일이었다.

제 4 Zone-바이오 축제의 장

바이오라는 생소한 주제에 좀 더 쉽게 접근할 수 있도록 직접 체험하고 흥미를 느끼며 즐길 수 있도록 참여와 축제의 장이 마련되었다. 예로써 바이오 체험관에서는 최첨단 의료기기로 자신의 건강상태를 측정해보고 원거리에서 화상진료를 실시하며 암 검진센터에서는 성인병 관련 질병 검진을 무료로 받게 하였다, 어린이들을 위하여 50m 크기의 인체모형 내부를 탐험하는 걸리버 인체여행 코너를 설치하고 바이오 실험실에서는 초중학생 중심의 신기한 현장 학습이 이루어졌으며 이벤트 무대에서는 국내외 예술 공연과 시군의 날 행사를 통하여 지역 주민의 참여를 유도하였다.

4
개최 성과

바이오에 대한 폭넓은 교육의 계기

미래 산업분야인 바이오의 내용과 중요성에 대해 폭넓은 국민적 이해의 계기를 마련하게 되었다. 어린이부터 노인에 이르기까지 계층에 맞는 프로그램으로 이해는 물론 체험까지 할 수 있도록 함으로써 바이오에 대한 실체인식과 미래에 대한 희망을 갖게 하였고 바이오산업 육성의 정신적 기반을 마련하였다.

미래 바이오 강국의 가능성 제고

생명과학산업을 담당하는 정부 6개 부처와 전국 16개 시도가 바이오 육성정책과 비전을 제시하며 강력한 의지와 가능성을 보여 주었다. 특히 충북은 생명과학산업의 특성화지역으로 이미지를 확보하면서 주민들의 통합된 공감대를 형성하게 되었다.

오송 생명과학단지의 대내외적 홍보

IMF 경제위기의 시기를 거치며 관심을 끌지 못했던 오송 생명과학단지를 유일한 국가 바이오 중심단지로 정부, 기업가, 투자자, 선진국 주정부, 학자, 전문가들이 인정하는 계기가 되었고 침체에 빠졌던 인근의 오창 산업단지도 빠른 속도로 활성화시키는 계기가 되었다.

바이오산업 육성발전에 기여

각 부처의 정책홍보와 아울러 국내외 기업의 기술과 정보교류, 바이오 세품의 수출입 및 투자 상담 등이 활발하게 이루어졌고 최고 수준의 국제적 학술연구 발표와 토론은 학계와 전문가들에게 유익한 정보를 제공해 주었다.

도민통합과 Mental Infrastructure 건설

Bio EXPO는 도민의 축제가 되었다. 처음에는 냉소적이고 무관심하던 분위기가 시간이 지남에 따라 지역발전에 대한 열망으로 변화되면서 각계 도민의 참여가 적극적으로 이루어졌다. 공무원 중심의 업무 추진이 각급 기관단체, 자원봉사자로 확대되고 다시 택시기사, 식당 및 숙박업소 종업원으로부터 일반 주민까지 주인의식으로 손님맞이에 나서줌으로써 엑스포 성공개최에 힘을 더했다. 각기 다른 분야의 사람들이 자기역할을 충실히 해 냄으로써 마치 오케스트라의 화

음처럼 멋진 작품을 만들면서 바이오 충북의 발전목표와 새로운 희망을 도민 모두가 공유하는 계기를 창출하게 되었다. 기반과 경험 없는 불모지에서도 성공할 수 있다는 경험을 토대로 도민 모두의 발전적 욕구가 살아나면서 우리도 앞서갈 수 있다는 자신감과 함께 미래 발전에 대한 희망과 긍지, Mental Infrastructure가 구축되었다.

5

추진과정의 문제점과 해결 노력

바이오에 대한 무관심과 비협조

2002년 당시만 하더라도 바이오는 학자나 전문가 등 일부만의 관심사였고 일반에게는 생소한 분야였다. 그러므로 일반학계, 언론, 지방의회, 주민 등의 협조는 기대하기 어려웠을 뿐만 아니라 엑스포 개최는 무관심 내지 비판의 대상이 되었으며 이를 극복하기 위하여 상당한 시간이 필요하였다. 평면적인 설득과 홍보로는 지지층 확보에 한계가 있으므로 관심과 협조 유도를 위한 조직 구성을 위하여 영향력 있는 각계 인사들을 참여시켜 추진 주체화함으로써 적극 지지 그룹으로 변화시키고 책임의식도 공유하는 대형 조직방식을 취하였다.

오송 국제엑스포 조직위원회-추진주체

조직위원회를 추진주체로 하되명예대회장 이한동 국무총리 대외적 이미지와 중앙정부의 협조를 얻기 위해 정원식 전 총리를 위원장으로 모시고, 12부처 장관을 위원으로 위촉하였다. 지역내 인사로서는 국회의원, 도의원, 대학총장, 언론사 사장, 관련학회 회장, 직능단체장, 관련 기관장 등 102명의 지도급인사를 총 망라하여 위촉함으로써 관심과 협조체제를 구축하였다.

범도민 지원협의회-각계 도민대표

각계 도민의 참여와 협조를 이끌어 내기 위해 도 단위 및 시군단위 기관장, 사회단체장 직능단체장, 시민단체장 등 총 106명으로 범도민 지원협의회를 구성하고 손님맞이 등 임무에 따라 3개 분과로 구분하였다.

이사회(이사장 도지사)-의사결정기구

실질적 의사결정기구로서 도지사가 주관하는 이사회를 두고 산하에 사무국을 두어 이사장의 지시와 결정된 업무를 추진케 하여 일사분란한 추진체계를 갖추었다.

전문 분야 엑스포행사 홍보의 어려움

엑스포의 성공적 개최를 위하여 범국민적 관심과 참여는 필수적인 것이다. 그러나 아직 관심 밖에 있는 바이오를 홍보하는 데에는 너무나 난관이 많았다. 그리하여 홍보 Target을 설정하고 대상에 따라 홍보 전략을 달리하는 방법을 택하였다.

우선 여건분석 결과 유리한 점보다 위협과 약점 등 불리한 점들이 더 많았다, 바이오에 대한 일반적인 이해 부족과 종교계의 거부감 외에도 일반인과 전문가가 함께 대상이 되어야 하며 지방에서 장기간 개최해야 한다는 부담과 아울러 개최기간을 전후하여 월드컵, 지방선거, 대선 등 범국민적 행사가 이루어지고 있어 엑스포에 관심을 갖도록 하기에는 매우 어려운 여건이었다.

일반적인 홍보방법으로는 한계가 있기 때문에 홍보 대상층을 세분화하고 홍보대상 지역도 국내를 3개 권역으로 나누어 홍보 시기, 메시지와 Tool의 방법을 다르게 설정하였다. 홍보 내용에 있어서도 일반인, 전문가, 시민단체, 오피니언 리더, 언론, 정부기관 등 대상에 따라 내용을 달리하면서, 초기엔 관련자 통합에 중점을 두고 후기로 갈수록 집객 및 분위기 제고에 비중을 크게 하였다. 홍보매체와 방법도 공중파, 케이블TV 등 방송매체, 중앙과 지방 신문, 주간지 월간지 전문지 등 인새매체, Internet, 옥외광고, 야립간판, 해외홍보, 마당극, 팸플릿, 브로슈어, 방문홍보 등으로 다양화하였다.

예산 확보의 어려움

도 예산의 영세성과 함께 지방의회에서 번외로 인식하고 있는 엑스포 행사비를 확보하기도 어려웠고 특히 중앙정부에서는 민선 이후 각 시도에서 경쟁적으로 벌이고 있는 대형행사에 대해 소비성 사업이라는 시각으로 국비지원에 엄격해지고 있었다.

이러한 문제를 타개해 나가기 위해 먼저 소요예산을 최소화할 수밖에 없었다. 그리하여 우선 가장 많은 예산이 요구되는 도로 등 관련 인프라 투자가 필요치 않은 곳을 엑스포 행사 부지로 선정하고 시설도 임대 사용하는 조건으로 가건물을 축조토록 하였다.

소요예산 중에서 우선 국비부터 확보하기 위해 보건복지부와 공동 개최키로 하고 도청관계관들이 여러 차례 예산부처를 방문하여 사업내용을 설명하고 지원을 건의하였으며 지역출신 국회의원들도 힘을 합해 주었다. 그러나 최종적으로 도지사가 예산처장관을 직접 방문하고 긴요한 사업으로 이해된 후에야 국비지원이 결정되었다. 국비지원이 결정된 후 도의회에 국비확보 내용을 설명하고 의회에서 공식적인 심의가 이루어지기 이전에 의원 개인별로 설명과 대화를 통해 공감대를 형성함으로써 도비 확보가 순탄하게 이루어졌다. 이러한 과정을 거쳐 형성된 엑스포 예산은 총 245억 원으로 그중 국비가 115억으로 47%, 도비가 90억으로 37%, 수익사업 가타가 40억으로 16%를 차지하였다.

미개척 분야의 구성과 전시연출

선례나 경험도 없는 바이오 분야의 전문종합 엑스포를 구성연출하는 것은 자체 노력만으로 되거나 기획사 등 외부에 맡겨서 해결할 수 있는 일이 아니었다. 그러므로 가장 먼저 전문가 그룹의 광범위한 도움이 필요하였다.

자문 및 지원단 구성 운영

학회, 협회, 연구원, 교수, 기업 등 각 분야의 바이오 전문가와 기획사 등에서 우리나라 최고의 권위자 96명을 선정하여 자문 및 지원단을 구성하고 바이오를 주제로 한 전시 연출의 기획, 자료의 구성과 유치, 기술적 자문 및 검증을 맡게 하였다. 이들은 분야별로 4개

그룹으로 나누어 수십 회의 회의와 자문을 거치고 전시 연출의 감수와 보완까지 실시함으로써 국제수준의 전시가 가능하였다.

아이디어와 정보 부재

선례가 없는 일이므로 참고할 자료조차 없는 실정이었다. 당시 도정의 책임자로서 바이오엑스포 구상에 완전히 몰두해 있었기 때문에 직접 인터넷과 책을 뒤지고 교수나 전문가들과 대화하며 정보를 수집했고 잠자리에서도 아이디어가 떠오르면 메모해 두었다가 다음날 요원들과 난상토론을 거쳐 채택 여부를 결정하였다. 그리고 또 하나 어려웠던 것은 국제학술대회를 개최하여 수준 높은 정보를 제공하고 신선한 충격을 줌으로써 바이오 학계와 산업계에 활력을 불어넣자는 것이었지만 사실 관련 분야에 인맥이 거의 없었다. 게놈 프로젝트에 관련한 전문가들, 생물학이나 물리학 부문의 노벨상 수상자, 바이오에 관한 각급 세계 학회의 회장이나 석학들을 모셨으면 좋겠다고 하는 정도의 기본 생각만 가지고 있었을 뿐이었다. 하지만 그 분야에 어떤 학회가 있으며 학회장이 누군지 또 전공분야가 무엇인지에 관해서 아는 바가 전혀 없었다. 어떤 경로를 통해서 그들과 접촉할 것인가, 또 초청한다고 해서 그들이 충북까지 오려고 할는지 막막하기만 하였다.

당시에 나는 바이오에 완전히 미쳐 있었기 때문에 만나는 사람마다 바이오에 대한 이야기를 쏟아 부었고, 병 자랑은 하라는 말처럼 겪고 있는 고충을 털어놓으며 자문을 구하고 했었는데 그중 방문객과 함께 온 한 손님의 도움으로 미국 NIH, FDA 출신의 재미과학자 안창호 박사를 소개 받았고 그가 주도하여 노벨상 수상자와 바이

오 분야의 세계적인 석학들을 18명이나 학술회의 연사로 모실 수 있었다.[3)]

연출기법 또한 난제였다. 고도 전문이론의 실체를 손상치 않으면서 일반인들이 쉽게 이해할 수 있도록 형상화해야 하기 때문이다. 박사학위 논문을 초등학생이 이해할 수 있는 만화로 그려내는 것처럼 힘든 작업이었다.

운영 요원의 확보

공무원이나 학계에 있어서도 바이오 엑스포에 관한 전문요원은 없는 실정이었다. 그러므로 행자부에서 한시정원 승인을 받아 우선 공무원 중심으로 19명을 배치최종 3부 12팀 68명하되 우수요원을 선발하여 정예특공대화함으로써 역사적 사명감과 개척자적 긍지를 갖게 하였다. 사무총장한범덕을 중심으로 정신 무장된 요원들은 임무를 훌륭하게 해 냈으며 그 후 실적에 따라 승진, 보직, 근무평정, 상훈 등 인사상 인센티브를 주겠다는 사전 약속을 시행하였다.

자원봉사 요원 활용

일반안내부터 통역과 수화에 이르기까지 질 높은 자원봉사

---

3) 학술회의 연사로 참석한 주요 인사를 보면, Hartmut Michel 박사(1988년 노벨화학상 수상자), Jean Claude Chemann 박사(에이즈의 원인을 규명), James Thompson 박사(배아 줄기세포 발견), Jerry Shay 교수(인간 노화와 암 치료 권위자), Inder Verma 박사(알츠하이머 유전자 치료 권위자), Susan Horwitz 교수(미국 암연구학회 회장), James Leary 교수(나노 의학의 권위자), Jeremy Levin 박사(가상심장 발견), Jhon Santini 회장(마이크로칩 회장), 요시유키 사사키 교수(인간게놈 회장) 등이다.

요원이 많이 필요하였다. 필요한 실 인원 518명(연 4,717명)을 선발한 후에 기본소양, 직무교육, 현장적응교육을 실시하고 다른 지역에서 이루어지는 행사를 참관시키는 등 연찬과정을 거쳐 30일간 현장에 투입하였고 폐막 후에는 평가를 실시함으로써 추후활용에 도움이 되게 하였다. 평가결과 타 행사 벤치마킹은 큰 도움이 되었고 교육 이수자와 미이수자는 큰 격차가 발생하였으며 초기에는 용역업체 요원과 업무분담 불분명으로 혼란이 발생하기도 하였으며 경험이 축적된 자원봉사자들의 DB 구축이 필요한 것으로 판단되었다.

6

성공의 핵심요인: 도전적 리더십

당시 여건으로 보아 바이오 엑스포 개최는 무모한 도전이었고 실패가능성 높은 계획이었다. 그러나 잠자는 충북인의 혼을 깨우며 일어설 수 있는 탈출구는 오직 그것뿐이었다. 승리의 영광도 패배의 책임도 모두 결정권자의 몫이기에 오로지 불광불급不狂不及이란 말처럼 그 기간 중에는 바이오에 완전히 몰입되어 있었다.

지도자의 의무-비전 제시

개인이나 집단이나 꿈과 희망이 있을 때에 발전한다. 그러므로 앞서 끌고 가는 지도자는 구성원들이 꿈과 희망을 향해 매진할 수 있도록 비전을 제시해 주어야 한다. 그러나 지도자는 꿈을 꾸지만 사람들은 현실적 고통과 문제에 매달리기 때문에 양자 간에는 격차가 생기기 마련이다. 그 격차를 줄이는 일은 지도자의 몫이며 꿈이 클수록 더 큰 대가를 요구하게 된다. 바이오 세상에 대한 꿈의 격차를 해소해 준 것은 결국 바이오 엑스포였다.

설득과 통합

미국인들이 최고지도자에게 필요한 덕목으로 건강, 남다른 열정, 비전 제시, 설득력, 통합능력의 다섯 가지를 꼽는다고 한다. 어떤 정책이 성공하려면 이해관계자를 포함한 관련자들의 광범위한 이해와 협조가 필요하다. 그러므로 인내심을 가지고 과업의 당위성과 중요성을 이해하도록 설득하고 다양한 의견을 하나로 묶어 목표를 향하게 하는 통합 노력은 매우 중요하다. 당시 바이오에 대한 이해가 거의 없던 때이므로 우선 참모진으로부터 시작하여 담당부서 직원, 그리고 전 직원을 이해시킨 후에, 각급 기관과 직능단체, 일반 주민으로 폭을 넓혀 갔으며 광범위한 참여조치는 에너지 통합에 큰 도움이 되었다.

매니아(Mania)적 열정

어떤 일을 할 때에 반대 급부를 계산하면 적당한 수준에서 더 나아가지 못한다. 주어진 일은 직업이 아니라 사명이라 생각하고 연애하듯 몰두해야 된다. 지도자가 흔들리거나 자신감이 없어 보이면 조직의 에너지는 솟아나지 않는다. 지도자는 그 일에 확신을 가지고 성공에 대한 자신감을 보여 주어야 한다. 그러기 위해 먼저 바이오에 대한 공부부터 시작하였다. 관계 서적, 인터넷, 논문, 교수, 전문가 등으로부터 얻는 산발적인 지식으로도 상대방을 설득하고 신뢰를 얻는

데 도움이 되었다. 초기에는 요원들에게 세부적인 것까지 설명하고 가르쳐 주고 지시하면서 끌고 나갔는데 추진요원들도 바이오 공부에 불이 붙더니 어느 단계가 지나자 나의 수준을 능가하고 있었다. 그때부터 요원들에게 대부분을 맡기고 주요 사항만을 보고받음으로써 창조적 아이디어 개발이 속출되었다. 특히 바이오와 무관했던 한범덕 사무총장은 학계에서도 바이오 전문가로 이미지를 굳혔고 수시로 떠오르는 아이디어를 주문해도 거의 빠짐 없이 반영하는 놀라운 소화력을 보여 주었다.

진실 이상 더 좋은 설득력은 없다

초창기에 무관심 내지 배타적이었던 사람들도 엑스포 사업이 정치적 욕심이나 사적인 이해관계 없이 미래를 열어가려는 순수한 뜻임을 이해하고 엑스포 성공에 적극적으로 참여하기 시작하였다. 예로서 도청 직장협의회에서는 스스로 유니폼까지 만들어 입고 중앙부처와 지방을 돌며 홍보에 나섰고 대학생들은 자전거를 타고 전국을 누벼 주었으며 문화예술계에서는 "날 좀 바이유"라는 마당극을 만들어 순회공연에 나섰으며 소주 공장에서는 소주병이나 판촉용 기념품에 엑스포를 광고해 주는 등 각계의 협조와 참여가 이어졌다. 시민사회단체 연합회에서는 지역별로 성공다짐과 도민 참여결의대회를 열어 주인의식을 고취시키고 해병전우회, 모범택시 운전자회 등은 자원봉사팀을 이끌어 주는 등 모두가 힘을 더해 주었다. 엑스포가 가까워지자 도민들은 회식자리에서 건배 구호로 "바이오!"라고 외치면 "엑스포!"로 화답하는 것이 유행처럼 번져가는 분위기가 되었다. 날씨 또한 큰 도움이 되었다. 서울에는 비가 내려도 청주에는 낮에 맑고 밤에만 내렸으며 엑스포가 끝난 다음날부터 추워지자 하늘이 도우셨다고 사람들은 감사했다.

Leadership

2

바이오토피아

첨단산업의 도(道) 이미지 구축

전통산업 위주의 충청북도가 바이오 엑스포를 전환점으로 오송 생명단지 등 첨단산업 벨트를 조성하면서 BIOTOPIA 충북으로 이미지를 바꾼 사례

* 본 사례의 상세한 내용은 '2006 충청북도 경제통상국 내부자료'를 참고.

토지이용계획도
대학부지
생산시설용지
지원시설용지
경부고속철도
조치원역
충북선
조치원
오송역

1

첨단산업 벨트 조성

바이오 엑스포는 사람들에게 변화하는 세상과 미래를 향한 방향인식의 계기가 되었고 IT와 BT를 중심으로 한 산업고도화 정책의 탄력을 높이는 데에 크게 기여하였다. 엑스포와 더불어 충북도정의 캐치프레이즈는 Biotech로 열어가는 Utopia란 뜻의 합성어 BIOTOPIA로 결정했다. 도정의 주요 목표는 전통산업 도에서 IT · BT 중심의 첨단산업지대로 변화 발전시키자는 것이었다. 이를 위해 우선 4대 전략사업으로 BT, 반도체, 이동통신, 이차전지를 선정, 가시화시켜 나감으로써 시너지효과를 거둘 수 있게 되었다.

이를 구체화하기 위하여 충북의 북부지역을 관통하는 산업단지를 계획하고 오송BT—오창IT—충주첨단산업—제천전통의약—단양석회석나노신소재으로 이어지는 첨단산업 벨트Belt를 조성하였다

이렇게 조성되고 있는 첨단산업 벨트 가운데에서 충주, 제천, 단양 3개 단지[1)]는 시장이나 군수가 주관하여 사업을 추진하였지

1) 각 단지의 주요 내용은 다음과 같다:

만, IT산업의 오창단지와 BT산업의 중심지 오송단지는 광역자치단체인 충청북도가 심혈을 기울여 직접 시행한 중요 사업이므로 조성과정을 좀 더 구체적으로 보고자 한다.

- 단양: 석회암지대의 특성을 살려 나노기술을 이용한 석회석신소재연구소를 설립하여 고부가가치의 신소재 공동연구개발 사업이 심도 있게 이루어지고 있으며 매포에는 10만 평 규모의 신소재 산업단지가 2010년 입주 목표로 추진 중에 있다.
- 제천: 한약재의 생산 및 집산지의 이점을 살리면서 무병장수의 웰빙 시대에 맞추어 전통의약산업을 특화하였다. 36만 평 규모의 바이오 밸리는 이미 활발하게 가동 중에 있으며 확장 조성되는 39만 평 규모의 한방특화 및 하이테크 단지에는 한방발효, IT, BT, NT 등 첨단 업종이 유치될 예정이다.
- 충주: 국토의 한복판에 위치한 충주첨단산업단지는 고속도로가 교차하는 우수한 접근성과 충주댐의 풍부한 용수와 편리하고 깨끗한 스포츠레저 환경 등의 강점을 가진 60만 평의 지방산업단지로서(2003년 지정) 전자, 정보, 정밀기계, 소재산업 등을 유치할 계획으로 2006년에 조성공사에 착수하였다. 이어 연접하여 조성되는 210만 평 규모의 기업도시와 함께 충주의 산업 고도화와 지역발전에 견인차 역할을 하게 될 것이다.

2

오창 과학산업단지(지방)

사업개요

단지개요

오창 과학산업단지는 청원군 오창면과 옥산면 일원에 조성된 286만평 규모의 지방산업단지로써 사업비는 모두 6,720억 원이 소요되었으며 소요재원 중 기반시설비 966억 원은 중앙정부에서 지원하고 단지조성공사비 5,754억 원은 토지공사가 투자함으로써 지방비 부담은 별로 없었다.

사업기간

본 단지 조성사업은 10여 년에 걸쳐 오랜 시간이 소요되었는데 건설교통부로부터 지방공업단지 지정 및 개발기본계획 승인1992.5을 받고 나서도 보상문제 등 장애요인으로 인하여 5년이나 지난 1997년 5월에서야 기공식이 이루어졌고 연속된 불경기와 IMF 외환위기로 인하여 다시 5년이 지난 2002년 3월에서야 준공식을 갖게 되었다.

토지이용

생산시설 위주의 기존 단지와 달리 여러 가지 기능을 갖는 복합 자족도시로 계획하였다. 생산용지 799천 평28%, 연구용지 384천 평13.4%, 상업업무용지 153천 평5.3%, 주거용지 400천 평14%, 공원용지 53618.7%, 학교 도로 등 공공용지 588천 평19.8%으로 생산, 연구, 주거, 교육, 상업업무 등 독립된 생활권을 형성할 수 있는 기능을 복합적으로 부여하였다.

유치업종

전자, 정보, 정밀기계, 신소재, 생명공학, 광학, 의료기기, IT와 BT분야의 R&D 시설 등이며, 본 단지 내의 경제효과는 연간 3조 2천억 원, 소득효과 연간 3천억 원, 고용효과 2만 명으로 추산되고 있다.

기업체 유치 및 용지 분양

오창단지가 IT산업단지로서 한수 이남에서 가장 각광 받는 사례가 되기까지에는 어려운 난관이 많았다. 산업단지 조성의 경험 부족, 보상 문제를 둘러싼 주민과의 갈등, 투자지역으로 인정해 주지 않는 충북에 대한 이미지 등 넘어야 할 과제가 많았다. 다만 여기에서는 고통과 보람이 함께 있었던 기업유치 과정만을 다루기로 한다.

기업유치 및 용지 분양에 제동

산업단지의 생명은 좋은 기업, 좋은 자본의 유치에 있다. 아무리 수준 높은 계획으로 훌륭한 단지를 만들었다 하더라도 기업체가 들어오지 아니하면 잡초만이 무성한 황량한 벌판으로 남기 마련이다. 1997년 5월에 착공한 이후 반년 후인 그 해 11월에 외환위기가 닥쳤고 심화되어 가는 불황 속에서 2000년이 되어 새 세기가 될 때까지도 단 한 건의 상담도 이루어지지 않았다. 뿐만 아니라 충북은 낙후지역이라는 이미지와 수도권에서 멀리 떨어진 시골이라는 선입견이 작용할 뿐만 아니라 정부의 수도권 규제 완화 계획이 이루어질 때마다 오히려 수도권을 향해 이전해 가는 움직임이 계속되었다.

임대공단 조성

큰 기대를 걸고 조성한 오창단지 넓은 땅에는 키를 넘는 잡초만이 무성하고 언론에서는 '애물 단지', '실패작' 등으로 비판이 계속되었다. 황무한 벌판에 먼저 공장을 짓는 사람이 있을 까닭이 없다. 그리하여 먼저 120억 원으로 3만 평을 매입하여 임대공단을 조성하고 저렴한 임대료만으로 첨단산업 분야의 벤처기업들을 유치하여 공장들을 짓게 함으로써 분위기를 바꾸어 나갔다.

기업유치 특별대책반 구성(2000. 2)

오창단지 개발만이 아니라 충북의 지역경제를 살리기 위해서도 특단의 조치가 필요하였다. 그리하여 도지사가 직접 지휘하는 기업유치 특별대책반을 구성하였다. 본부장을 경제통상국장으로 하고 도청과 토지공사 직원 중 정예요원 13명을 엄선하여 홍보 및 마케

팅 기법 훈련에 들어갔다. 과거 오랜 세월동안 규제행정에 젖어 있던 공직자들이라 홍보와 세일을 생소하게 여겼지만 교육과정을 통하여 세일즈 기법과 아울러 '에스키모에게 냉장고를 팔겠다'는 사명감으로 무장되었다. 이들에게는 국장, 과장, 계장이 아니라 직함부터 본부장, 실장, 부장, 차장으로 바꾸어졌고 성공했을 때에 승진 등 인사우대 인센티브가 약속되었다.

이들은 오창단지의 지리적 특성, 인프라, 물류이점, 토지가격비교, 인센티브 등을 담은 팸플릿, 브로슈어, CD 등을 들고 전국 1,000여 개 업체를 방문하며 유치활동을 전개하였다. 우여곡절을 겪으며 유치에 성공할 때마다 요원들은 한자리에 모여 경험과 기쁨을 나누며 서로를 격려하였다. 이러한 과정은 보람도 컸지만 요원 한 사람이 과로로 유명을 달리하는 등 아픔과 어려움도 많았다. 이들이 겪은 수많은 애환과 뒷이야기를 책자로 발간하여 자료로 남기게 하였다.

유료광고

또한 오창단지가 외부에 널리 알려지지 않고 있으므로 유수의 일간신문과 경제신문의 1면에 5단 컬러 광고 등 과감한 홍보도 실시하였다.

마무리 홍보 바이오 엑스포

단지의 홍보와 기업유치를 위한 끈질긴 노력과 함께 2002년 가을 개최한 바이오 엑스포를 통하여 충북은 첨단산업 지대의 이미지를 갖추면서 오창단지는 그 진가를 인정받게 되었다. 그동안 이라크

전쟁, 외환위기 이후의 불황 등 어려움 속에서도 약 3년간에 IT 분야의 수준 높은 첨단 기업 120개를 유치함으로써 생산용지 분양률 100%를 달성하고 한수 이남에서 가장 성공적인 산업단지로 부상하면서 연찬회 등에서 전국적인 성공사례로 활용되기 시작하였다.

해외기업 유치

오창단지에 양질의 외국기업을 유치하기 위하여 중앙정부의 예산 지원으로 5만 평으로 시작한 외국인 전용단지가 24만 4천 평으로 확대되면서 10개 기업을 유치하는 성과를 올렸다. 이 과정에서 산자부, 건교부 등 중앙부처와 KOTRA, 토지공사, 산업단지관리공단 등 유관기관의 지원과 협력은 필수적이었다.

정부 정책의 변화

외국인 투자유치에 있어 1997년 외환위기가 있기 전까지 정부는 부정적이며 소극적 입장이었으나 1998년에는 외국인 투자촉진법을 제정하고 기업의 매각과 간접투자주식투자도 승인하는 등 환란 이

〈표 1〉 외환보유고 · 대외채무 · 외국인투자 추이

(단위: 억$)

구 분	1997	1998	1999	2000	2001	2002	2003	2004	2005
외환보유고	204	520	740	961	1,028	1,214	1,553	1,990	2,104
대외채무	1,742	1,638	1,529	1,484	1,304	1,430	1,615	1,776	1,900
외국인투자	70	88	155	152	113	91	65	128	116

자료: 충북도청 국제통상과 내부자료, 2006.

후부터 적극적으로 전환하였다. 그 이후 2004년에 이르러 외환보유고는 대외채무를 초과하게 되었고〈표 1〉 생산성 증대와 일자리 창출 등 경제회복과 발전에 기여하였다.

충청북도의 외국인 투자유치 방침

충청북도의 외국인 투자유치는 실업문제 해결보다 산업구조 개선에 더 큰 중점을 두고 추진되었다. 그것은 야심차게 추진한 오창단지를 명실 공히 수준 높은 첨단산업단지로 조성하면서 기존의 신발이나 섬유 등 저임금 저기술 산업체들이 후진국으로 진출한 공백에 고도기술 산업을 유치함으로써 산업공동화 극복과 아울러 산업진화의 계기로 삼자는 방침이었다. 그럼에도 불구하고 1998년에 5.3%에 달하던 실업률이 2005년에는 2.0%, 2006 상반기에는 1.8%로 완전고용 수준까지 개선되었다.

충북도의 외국인 투자유치 실적

지난날 충북은 외국인 투자유치의 불모지나 다름없었다. 그러나 투자액 신고기준으로 2004년에 전국 5위, 20005년에는 서울, 경기, 충남, 충북 순으로 전국 4위 등 상위권으로 부상하면서 투자유치 전국 최우수도로 평가되어 대통령상을 수상하였다. 민선 2~3기 동안 투자유치 총 2,154백만 달러 중에서 2004년에 753백만 달러가 유치되고 2005년 말에는 매그나칩 반도체 515백만 달러, Schott Glsss 230백만 달러 등 대형 투자유치가 이루어졌다〈표 2〉 참조.

〈표 2〉 오창 외국인 전용단지 투자유치 현황

(단위: 만$)

회 사 명	생 산 품	투자규모	분양면적	MOU체결
JSR	LCD소재	2,500	16	02. 12. 26
MTM	LCD부품	350	6	03. 3. 26
U- Tech	DVD부품	2,000	6	03. 7. 1
도레이	반도체소재	13,500	16	03. 11. 14
린텍	반도체소재	4,000	15	04. 4. 28
보그워너TTS	자동차부품	1,000	10	03. 11. 12
생고방외2	PDP부품	6,300	22	05. 6. 14
W- Scope	LCD소재	3,700	23	05. 10. 10
쇼트글라스	LCD부품	50,000	94	04. 12. 17
계	9개사	83,350	214	

자료: 충북도청 국제통상과 내부자료, 2006.

투자유치와 대인관계

서양인들의 합리주의 LCD부품 등 특수유리를 생산하는 독일의 S회사는 120년 역사의 글로벌 기업으로 대만과 한국이 유치 경쟁을 벌이는 가운데 국내 5개 지역이 경합상태에 있었다. 투자자가 오창단지에 본격적인 관심을 기울인 이후 약 5개월 동안에 6차 상담이 이루어졌고 27회에 걸쳐 100건이 넘는 자료를 요청해 왔다. 토양의 성분, 색상, 함수율, 깊이, 안정도, 평균 및 계절별 강우량, 순간 최대 강우량, 빗줄기의 강도, 연료 공급원과 시설, 전력, 전압, 정전, 요금, 폐수처리, 용수, 풍향, 풍속 등 세밀한 부분까지 자료를 검토하고 최종 확정 때까지 보안을 지켜달라는 약속 이행 여부도 감안하는 등 객관적 자료와 신뢰도까지 확인한 후 입지를 결정하였다. 이는 외국인투자촉진법 시행 이래 순 외자 규모로 최대인 5억 달러 유치와 1천 명의 고용효과를 거둘 수 있는 대형 프로젝트였다.

동양인의 인간적 신뢰와 정서 LCD 소재 첨단기업인 일본의 J회사는 오창단지에 제일 먼저 유치한 외투기업으로 2004년 10월 준공되었다. 투자 상담이 진행되는 과정뿐만 아니라 생산활동이 이루어진 이후에도 도지사 공관 만찬, 동경 회동 만찬, 주말을 이용한 취미 활동 등을 통해 친분과 상호신뢰가 이어지면서 4,200만 달러까지 추가 투자가 이루어졌다.

R&D 시설 유치: 오송 연계 BTNT 융합

오창과 오송단지는 충북을 첨단산업지역으로 변화시키기 위한 기본단지이기 때문에 오창단지에 굴뚝산업은 일체 배제하고 IT 중심의 첨단기업만을 유치하고 IT산업 관련 R&D뿐만 아니라 뒤이어 조성되는 BT산업의 오송단지를 뒷받침할 수 있는 R&D시설을 앞당겨 유치하였다. 본 시설들을 위해 부지는 지방비로 매입하여 제공하였고 국비 확보를 위해 유치기관과 도가 함께 노력하였다. 유치한 R&D시설은 대체로 다음과 같다:

생명공학 연구원: 11개 기관

— BIO 신약 연구센터, 영장류센터, LMO 위해성 평가센터 등

— 부지 77천 평 제공, 2012년 완공 8,064억 투자

기초과학 지원연구원

— 차세대 자기 공명장치NMR 등 3개 분야 9개 사업

— 부지 68천 평 제공, 2013년 완공 2,540억 투자

기타 R&D 시설 유치

— 반도체장비부품공동테스트센터

— 전자정보부품산업지원센터

— 전통의약산업센터

— 충북 테크노파크

— 보건의료산업센터 등

3

오송 생명과학단지(국가)

사업 개요

21세기 선진대열에 진입하기 위하여 세계와 경쟁하는 동북아 바이오 메카를 만드는 데에 목표를 두고 오송 생명과학단지를 조성하였다.

단지기본 계획

충북 청원군 강외면 쌍청리 일원의 140만 평 규모의 BT산업단지로서 4,983억 원의 예산이 소요되었으며 조성공사는 토지공사에 위탁하였다. 토지이용계획은 140만 평 중 의약품, 의료기기, R&D 및 벤처형 기업의 생산용지 51만 평, 식품의약품안전청, 질병관리본부, 보건산업진흥원, 독성연구원, 보건연구원 등 5개 국책기관 용지 12만 평, BT 전문대학원, 생명의과학연구소, BT 종합 지원센터, 창업보육센터 등 연구 지원시설을 위하여 18만 평이 배분되었고 주거, 근린생활시설, 공공시설 등에 59만 평이 계획되었다. 본 단지 조성 후의 경제 유발효과는 한국보건산업진흥원에 따르면 연간 생산 6조 603억 원, 소득 9,394억 원, 고용 38.000명으로 추계되었다2002. 5.

오송단지의 입지적 강점

오송단지는 그 기능을 뒷받침 해 줄 오창단지10Km, 장차 국가 행정의 중심이 될 행복도시6.6Km, 상호 연계 발전이 이루어질 대덕연구단지42Km, 세계와 통하는 청주국제공항26Km의 중심부에 위치해 있을 뿐만 아니라 단지와 접해 있는 고속철도 오송역을 통하여 영호남과 직접 연결되고 수도권의 중심인 서울까지는 30분밖에 소요되지 않는 등 최상의 여건을 갖추고 있다.

추진과정의 문제

본 단지가 국가산업단지로 지정 및 개발계획 승인1997. 9이 이루어 질 당시에는 보건복지부 주관의 보건의료산업단지라는 명칭으로 시작되었으나 1997년 환난을 겪으며 오송 생명과학단지로 이름을 바꾸어 기공2003. 10에 이르기까지는 많은 어려움이 있었다.

오송단지 백지화에 직면

1997년 환란상태에서 신규투자 불가 오송단지는 조성계획이 결정된 후 곧 시작된 환난의 영향으로 개발계획이 백지화될 위기를 맞게 되었다. 일반 경제계는 물론 국가 재정도 어려운 국면에 접어들게 되자 청와대로부터 주관부처인 복지부, 예산처, 건교부, 행자부, 교육인적자원부 등 중앙정부에서는 신규투자는 물론 분양조

차도 불가능할 것이라 판단하고 있었고 농림부와 환경부에서도 절대 농지 훼손과 환경 파괴는 물론 극심한 경제난을 이유로 반대하였는데 국가재정을 책임진 정부로서는 당연한 판단이기도 했다. 그러나 지역 발전을 좌우할 큰 계획이 한번 취소되면 다시 이루어지기란 불가능에 가까우므로 지방자치단체의 입장에서는 물러설 수 없는 일이었다.

타협과 조정으로 조성계획 유지 중앙정부의 정책결정 인사들을 상대로 BT 산업의 중요성과 환란 후에도 반드시 해야 할 장기적 사업임을 설명하면서 단지면적 축소로 투자 규모 및 위험부담을 축소시키자는 대안을 끈질기게 주장하였다. 결국 정부에서는 양호한 농지 상당 부분을 제척하는 등 당초 276만 평의 절반인 140만 평으로 규모를 축소시키면서 단지의 건설계획을 2002년 6월에 이르러서야 확정해 주었다. 이 밖에도 토지분양 책임을 도가 맡겠다고 약속하였고 건설교통부에서는 토지공사를 시공자로 선정함으로써 공신력 확보와 정부의 투자 부담을 축소시키는 등 모두가 신중하게 대처하였다. 그 밖에도 당초 정부가 정했던 오송 보건의료과학산업단지라는 명칭이 길고 난해하여 진취적이며 포괄적인 오송 생명과학단지로 변경하는 데에도 중앙 관련 부처의 미묘한 입장의 차이가 있어 상당한 조정기간을 거친 후에야 건교부 고시로 확정할 수 있었다.

부지 내 주민들의 저항과 갈등

저렴한 토지 평가 어려운 과정을 거쳐 단지조성계획은 되살아났으나 이제는 내부적인 문제에 봉착하였다. 생명과학단지가 건설되면 지역 전체의 발전에는 큰 기여를 하지만 단지 내의 거주민들은 대대로 살아 온 고향땅을 떠나야 하는 아쉬움이 있을 뿐만 아니라 토지 보상가격에 대한 불만이 구체적으로 표출되었다. 감정평가 요소인 공시지가가 정부의 방침으로 5년 전부터 동결되었을 뿐만 아니라 시행자 측의 투입비용 최소화 성향 등으로 책정된 보상가격은 평당 5만 원 정도로 정해졌다. 이것은 5년 전 시행된 오창단지의 보상가격 평당 6만 5천원보다 낮은 수준이므로 주민들은 이를 수용할 수 없다는 것이었다.

단지 조성 반대투쟁위원회 결성 참여정부가 추진하는 행정수도 입지관계로 주변 지가는 크게 상승화했음에도 불구하고 5년 전 평가한 오창단지보다 저평가된 것은 합당치 않으며 책정된 보상액으로 이주정착이 불가능하다는 주장이었다. 그리하여 주민들은 단지조성 자체를 반대하는 투쟁위원회를 결성하고 10여 회의 집단시위를 동하여 토지공사 충북본부 사무실을 점거하고 도청 앞에서 항의 시위를 가졌다. 특히 2002 Bio EXPO 개막식 때에는 행사장 인근까지 진출하여 방해 시위를 갖기도 하였다

정당한 요구 수용 공동노력 주민들의 반대가 있다 하더라도 오송생명과학단지 건설은 물러설 수 없는 과제인 반면 토지 보상가격에 대한 주민들의 주장 또한 무리가 아니었다. 그러므로 주민들의 정당한 요구는 함께 노력하여 해결한다는 전제 아래 반대 투쟁위원회를 추진위원회로 전환하는 데 성공하였다. 이를 성사시키는 데에는 1달 동안 15회에 걸친 대화 등 헌신적으로 노력한 담당 공무원들의 열정이 있었기에 가능하였다. 추진위원회로 전환한 이후 도와 토지공사가 협의하여 재결을 위한 재감정을 실시하되 주민들이 희망하는 우호적 평가사와 평가기관을 선정하여 참여시키기로 하였다. 그리고 주민들과 공무원들이 재결과정을 거쳐 보상가격을 결정해 줄 중

앙토지수용위원회를 40여 차례나 방문하면서 현지 실정과 가격 인상의 당위성을 설명하였다. 중토위의 방문은 주로 도청 공무원들의 몫이었고 의사표출을 위한 주민들의 항의방문도 곁들여졌으며 도지사도 나서 현지여건의 변화를 주도한 정부에 결자해지의 노력을 요청하기도 하였다.

파격 인상 재결로 문제 해소2003. 5. 20 현지 상황과 여건의 변화가 반영된 재결결과는 파격적이었다. 당초 책정된 보상가격은 총 815억 원2392필지이었으나 2003. 5. 20의 재결결과는 당초보다 253억 원이 상향 조정된 1,068억 원으로 결정되었다. 이것은 과거 재결 인상률이 한자리 수를 벗어나지 않은 데 비해 31% 인상은 파격적이었으므로 주민들은 이를 긍정적으로 받아들이면서 85.5%의 수용률을 보였다.

택지와 묘지

고향을 떠나지 않으려는 주민들을 위해 단지 내에 238필지의 택지를 조성하고 조성원가의 70%로 공급하면서 택지의 성토작업이나 상하수도 등 기반시설을 설치해 주었고 이장해야 할 묘지에 대해서는 인근의 오창 단지의 여유 묘지를 활용함으로써 택지와 묘지 문제까지 해결되었다. 당초 대결과 투쟁의 관계였던 주민과 공직자들이 힘을 합쳐 문제들을 풀어가는 과정에서 거리감이 좁혀지고 동지애가 형성되면서 서로 애경사에 참여하면서 수시로 농산물 등 정이 담긴 선물을 교환하는 모습은 흐뭇한 광경이었다.

해외 자본과 기술 유치

바이오산업의 전진기지 오송

오송 생명산업단지는 선진국과 어깨를 겨누며 풍요 속의 무병장수 시대를 열어 갈 바이오 코리아의 전진기지를 목표로 시작되었다. 그러므로 바이오 관련 국내 우수기업 유치에 국한하지 않고 2천년대 초반부터 선진국의 유명기업과 R&D시설 유치에 나섰다. 우선 단지를 국제적 수준의 이미지와 능력을 갖추기 위해 백신분야 세계최고인 G사와 수차례 오가며 현지답사까지 마쳤고, 세계 최대의 제약회사인 P사의 뉴욕 본부를 방문하여 R&D 시설 유치에 대해 협의하는 한편 미국 바이오의 중심지 메릴랜드 몽고메리 카운티의 T사와는 신약인 관절 세포 치료제 4,000만$ 투자 MOU를 체결함으로써 오송단지 최초의 유치업체가 되었다. 아울러 유럽 LCD 소재분야, 미국 나노 R&D 분야, 유럽지역의 제약 스크리닝, 미국 의료기기와 백신, 항암제 분야를 상대로 오송단지를 홍보하며 유치활동을 계속하였다.

해외 네트워크 형성

국제적 우수기술과 자본을 유치하기 위해서는 양질의 정보와 함께 행동으로 연결시킬 수 있는 네트워크가 필수적이다. 이를 위해 우리나라 해외무역관은 대사관과 함께 큰 역할을 해 주었다. 뉴욕, 워싱톤, 파리, 함부르크, 베를린, 뮌헨, 런던, 벨기에, 동경 등 가는 곳마다 헌신적으로 일해 주었다. 다음으로 해당 국가의 정부, 공공기관, 대학 등의 협조도 필요한 경우가 많으며 프랑스의 재정경제산업부, 영국의 통상산업부, 파리지역 개발청, 영국동부지역개발청, 옥스포드

대학 등의 협조가 효과적이었다.

외국인 투자 인센티브

외국인들도 현지의 제반 여건과 상황을 검토하고 성공할 수 있다고 판단될 때에 한하여 투자하게 된다. 특히 좋은 기업, 좋은 기술일수록 유치경쟁은 심하게 이루어지고 투자자는 더 유리한 곳을 선택하게 된다. 싱가포르나 캐나다에서는 국가에서 투자비를 지원하고 이익 실현 후 상환토록하거나 대만에서는 일정량의 생산품을 구매해 주는 사례도 있다. 외국인 투자자에게 제공되는 인센티브는 나라마다 지역마다 다르나 우리나라가 실시해 온 내용을 요약해보면 무료에서 연 1%까지의 저렴한 임대료만으로 부지를 제공하거나 투자금액의 5~15%에 해당하는 Cash Grant, 국세 7년, 지방세 10년간의 조세 감면, 고용보조금과 교육훈련 보조금 지원 등이다. 또 일부 지자체에서는 전력, 용수시설이나 사원아파트 건립 제공 등 추가 지원 사례도 볼 수 있다.

4

가시권에 들어온 미래

오늘 역사적인 기공식을 갖게 된 이 오송단지는 세계와 경쟁하며 무병장수와 풍요의 시대를 열어 갈 대한민국 최초의 생명과학분야 대규모 국가산업단지라는 점에서 우리에게 희망을 더해 주고 있습니다. 특히 이 곳 오송단지는 국토 중심부에 위치하고 있어 전국 어디서나 접근이 용이할 뿐만 아니라 청주국제공항은 세계를 향해 문을 활짝 열어놓고 있습니다. 또한 바로 인접한 오창단지의 수준 높은 IT산업과 오송단지의 BT산업이 어우러져 시너지 효과를 발휘하게 되면 정부가 야심차게 추진하고 있는 국가 목표 달성에도 크나 큰 역할을 하게 될 것입니다. 앞으로 저희들은 오송단지를 중심으로 지역별 5대 권역의 특성을 살린 '바이오토피아' 충북건설 전략을 적극 추진할 것입니다. 그리하여 우리 충북이 명실상부한 동북아시대 바이오산업의 메카로 국가발전에 기여할 수 있도록 도민의 역량을 모아 최선을 다할 것을 다짐합니다.

이것은 2003년 10월 27일 오송 생명과학단지 기공식에서 도지사 환영사의 일부이며 노무현 대통령은 치사에서 "오송단지는 Bio KOREA의 전진기지"라고 인정해 주었다. 이처럼 오창단지와 오송단지를 중심으로 조성되고 있는 첨단산업벨트는 충북의 산업구조를 선진화시키면서 150만 도민들에게 미래로 나아가는 새로운 지평을 열어주고 있다.

Leadership

3

지역정보화

인터넷 가입자 4년 동안 62배 증가

지역의 경쟁력을 높이면서 첨단산업사회로 가기 위해 도민의 정보화 역량을 일깨운 사례

* 본 사례의 상세한 내용은 '2006 충청북도 기획관리실 내부자료' 를 참고.

1

지역정보화의 필요성과 추진

지식 정보화 사회

20세기 말의 변화는 그 어느 때보다도 컸다. 국경 없는 세계의 출현은 인류의 경제, 문화, 사고방식 등 모든 분야에 질적 변화를 가져왔고 인터넷과 사이버 공간은 삶의 방식 자체를 바꾸어 놓았다. 또한 IT, BT, NT 등 새로운 기술은 인류의 운명을 변화시킬 만큼 빠르게 진전되고 있다.

역사는 미래와의 대화이다. 인류역사는 꿈과 도전, 정열과 투쟁의 결과물로써 미래를 꿈꾸며 인생을 바쳐 온 사람들에 의해 발전되어 왔다. 이러한 변화와 발전추세에 적응하고 도전하는 사람이나 집단은 경쟁력을 가지고 번영의 길로 가지만 이를 깨닫지 못하거나 적응하지 못하는 사람들은 퇴보하면서 낙오의 길로 가는 것이다.

해마다 같은 것이 반복되는 농경문화가 오래 지속된 곳일수록 외부의 자극에 무관심하고 현실에 안주하면서 변화를 거부하는 정서가 강하게 나타난다. 충북 또한 평온한 가운데 전통사회 정서가 지속되어 온 곳이므로 새로운 변화에 대해 소극적일 수밖에 없었다. 2천년대에 들어설 당시 충북의 정보화 기반은 전국 12위로 하위권에 머물러 있었고 초고속 통신망, PC보급률, 인터넷 사용 등 모든 면에서 취약하였다.

그러나 도정의 기치를 BIOTOPIA로 내건 충북의 입장에서는 정보화 능력을 갖추는 일은 필수적인 일이었다. 그러므로 지역 내에 정보화 기반을 갖추면서 도민들의 활용능력을 높여가는 것은 중요한 과제였다. 그러므로 1차 과제로 도민들의 정보화 능력 향상을 위해 먼저 "알게 하고, 느끼게 하고, 행하게 하자"는 방침 아래 '인터넷 가장 잘 쓰는 도' 운동을 추진하였다.[1)]

---

1) 우리나라 지방자치단체의 지역정보화 사업이 적극적으로 추진되기 시작한 것은 1970년대 후반부터인데 충북의 경우 다음과 같이 구분할 수 있다:

① 지방행정 전산화 도입기: 1978~1983
- 1978: 행정전산화 시범도로 선정(KIST와 공동개발 착수)
- 1979: 전산처리계 발족(정원 9명)
- 1980: 일반 업무용 주 전산기 도입(PRIME-750)
- 1983: 전산담당관실 신설 (1 · 2계 31명)

② 행정전산화 확장기: 1987~1998
- 1987: 행정전산망 종합계획 확정(주민, 부동산, 자동차)
- 1990: 행정전산망용 주 전산기설치(톨러런트 6대)
- 1995: 청내 근거리통신망(LAN), 국산 주 전산기(TICOM) 도입

③ 지역정보화 시기: 1998~2004
- 1998: 도 홈페이지 개설, 지역생산품 유통시스템 구축
- 2000. 4: 지역정보화 선포식
- 2000. 12: 청주 IDC 개관(KT충북본부)
- 2001. 1: 전자문서 유통시스템 및 도민 e-mail 서비스
- 2001. 11: 전통시장 종합정보시스템 개통
- 2001. 12: 정보화 시범마을 개관(음성)
- 2002. 4: 영상회의 시스템 개관(도 시군간)
- 2003. 1: 시도 행정정보화시범사업 추진(18분야 82종)
- 2004. 11: 충북 정보 포털사이트 구축

④ U-충북 추진기: 2005~2010
- 2005. 3: U-충북 중장기 기본계획 수립

지역정보화 선포

인터넷 가장 잘 쓰는 도

2000년 1월 1일 150만 도민에게 드리는 도지사 신년사에서 '인터넷 가장 잘 쓰는 도' 시책을 추진할 것을 다음과 같이 발표하였다. "금년을 지식정보화의 원년으로 삼아, 초고속 통신망을 보강하고 전 직원의 e-mail 활용을 활성화하는 한편 인터넷 홈페이지와 개인 ID 갖기 운동을 범도민적으로 추진하는 등 정보화 저변 확대로 도민 모두가 손쉽게 인터넷에 접근하고 이용할 수 있도록 '인터넷 가장 잘 쓰는 도'로 육성해 나가겠습니다." 이것은 변화를 가로막는 과거 관행의 껍질을 깨고 정보화를 통한 지역경쟁력 강화와 Biotech 산업의 기반을 조성코자 하는 데 목표를 두었으나 당시 공무원들까지도 '인터넷 가장 잘 쓰는 도'는 지나친 표현이라고 거부감을 나타내었다.

지역정보화 공동추진 선포식

정보화 사업을 추진하려면, 첫째 초고속 통신망 등 기반시설을 설치해 줄 중앙정부의 도움이 필요하고, 둘째 분위기를 확산시키면서 이끌어 줄 각급 기관단체의 협조가 필요하고, 셋째 도민들의 폭넓은 참여가 있어야 했다. 이에 따라 정보화의 의지를 천명하고 각계의 공동 노력을 이끌어 내기 위하여 2000년 4월 21일 충북도청 대강당에서 관련 분야의 기관 단체와 전문가들이 참여한 가운데 지역정보

- 2005. 4: U—충북 선포 및 유비쿼터스 충북 비전 발표
  - — 선포식: 진대제 정통부 장관, 유관기관 및 단체장(4. 21)
  - — 산업도시형 U도시: 오송 생명단지, 오창 IT산업단지
  - — 경제도시형 U도시: 청주, 충주, 제천 등 각시군

화 공동추진 선포식을 가졌다.[2] 이 자리에서는 공동추진협약이 체결되었으며 합의문도 발표하였다.

2) 이날 선포식에 참석하여 공동 추진키로 한 기관 단체는 다음과 같다:
– 계획의 주관자인 충북도청(도지사 이원종)
– 성과를 평가하고 예산을 승인해 줄 도의회(의장 김준석)
– 학생들의 정보화 교육과 주민 교육장을 제공해 줄 교육청(교육감 김영세)
– 현장 교육요원을 공급해 줄 충북지역 총 · 학장 협의회(충북대총장 주자문)
– 주민 참여운동과 봉사해 줄 충북여성단체협의회(회장 박정희)
– 초고속통신망 등 기반시설을 건설해 줄 한국통신 충북본부(본부장 신병곤)
– 한국 정보화 정책의 CEO 안병엽 정보통신부장관
– 기타 관련분야 기관단체, 기업, 교수 및 전문가

2

지역정보화사업 추진 내용

정보화사업 추진을 위해 지역실정에 맞는 6대 분야 41개 과제 129개 사업을 선정하여 밀도 있게 추진해 나가기 시작하였다.

인터넷 접근기반 구축

초고속통신망 129배로 확장

2000년 당시 충북지역은 인터넷 접근기반이 너무나도 취약하였다. 서울–청주를 직접 연결하는 초고속통신망은 없었고 서울에서 대전을 거쳐 청주로 우회하는 통신망의 용량은 겨우 155Mbps 정도였다. 그러므로 초고속통신망 설치 없는 정보화사업의 추진은 허황된 것이었다.

다행스럽게 정보통신부와 한국통신의 지원과 한국통신 충북본부장의신병곤 치밀하고 열정적인 노력으로 서울–청주를 직결하는 초고속통신망이 신설되었는데 이는 2.5Gbps짜리 8회선으로 총용량은 20Gbps에 달해 과거에 비해 무려 129배나 확장되었다. 아울러 지역 내의 동케이블 79개소 14,856회선이 광케이블로 교체되었고 2001년 6월까지 도내 전 읍면지역에 ADSL이 개통됨으로써 전국에서 가장 먼저 인터넷 망을 설치한 지역이 되었다.

Internet Data Center(IDC) 설립

2000년 11월에는 대용량 인터넷 정보 서버기능인 IDC가 전국 도 단위지역에서는 가장 먼저 설립됨으로써 청주를 중심으로 한 권역 일대에 질 높은 서비스가 제공되었다.

주민 이용기반 확대

주민들이 컴퓨터에 대한 거리감을 좁히면서 언제나 편하게 사용할 수 있도록 150개 전 읍면동 사무소에 인터넷 카페를 설치하였고 농촌마을에는 정보사랑방 702개소를 열고 PC 968대를 설치하여 활용토록 하였다.

정보화 교육

인터넷 기반시설을 확충하면서 대대적인 도민교육에 들어갔다. 그러나 농민들은 컴퓨터가 우리와 무슨 상관이냐며 외면했고 주부들은 배우기 어려울 것이라고 멀리 하였다. 그러나 도청, 시청, 군청에서부터, 각급 유관기관, 기업, 학교 컴퓨터실, 인터넷 플라자에 이르기까지 총 861개소에 정보화 교육장을 설치하고 광케이블이 들어가지 않은 산간오지 200개 마을에는 위성 인터넷 서비스를 이용할 수 있도록 조치하였다.

도내 14개 대학이 각 시군과 정보화 지원 자매결연을 맺고 대학생 농촌 봉사활동의 내용을 모내기 김매기 등 노력봉사로부터 주민들의 컴퓨터 교육, 고장수리 등으로 전환하였다. 이에 따라 강사는 대부분 대학생과 자원봉사자로 확보되었으며 이들의 애로를 해결해 주기 위하여 교사, 학원 강사 등 전문 인력 130명으로 강사 지원단을 구성하여 돕도록 하였다.

교육 실시 초기에는 교육요원들이 선물을 들고 찾아가서 농민들과 대화를 시도하는 등 어려움이 있었지만 교육이 진행되면서 컴퓨터의 필요성과 함께 긍지를 느끼게 된 주민들의 참여 속도는 빠르게 확산되어 갔고 강사들에게 줄 선물을 마련하는 등 분위기는 반전되었다. 마을마다 주부, 농민, 노인, 상인 등 다양한 주민들이 참여하여 2000년부터 2004년까지 4년 동안 무려 125만 명의 도민들이 정보화교육을 받게 되었다.

정보화 시스템 확산

주민 편의 확대제공

주민들에 대한 교육과 더불어 정보화에 대한 각 분야의 관심과 참여가 높아짐에 따라 주민편의를 위하여 다음과 같은 조치들이 뒤따랐다.

— 마을별 정보화 지도자 육성: 388명

— 정보화 시범마을 조성: 15개 마을에 1,241백만 원마을평균

8,300만 원으로 초고속 인터넷 통신망 구축과 PC 보급

— 농촌 마을 홈페이지 구축: 전 시군 2,790마을

— 도민 e-mail 홈페이지2001. 1 개설

— 도민 e-mail 및 문자메시지 실시간 제공

이메일 가입자 35,922명, 휴대폰 문자메시지 396,083명

분야별 정보시스템 구축 제공

각 분야 도민활동의 편의를 위하여 다음과 같이 분야별로 정보시스템을 구축 제공하여 경제활동에 도움이 되도록 하였다.

— 충북 e-Biz포럼 결성 및 벤처창업센터 개설

— 충북 소프트타운 육성

오창 벤처프라자, 지식산업진흥원, 소프트웨어지원센터 등

— 중소기업을 위안 사이버트레이드센터2000. 12

— 농민을 위한 사이버농정시스템2001. 8

— 재래시장 상인을 위한 사이버전통시장2001. 11

— 관광객을 위한 문화관광허브사이트2001. 2

— 민원인들의 편의를 위한 종합전자민원사이트2003. 1 등

인터넷 활용 열기의 지속화

인터넷에 관한 도민들의 관심과 의욕을 지속적으로 일깨우기 위하여 정보화 선포일인 4월 21일을 '충북 정보화의 날' 로 지정하고 다양한 이벤트와 기념행사를 계속하였다. 정보화를 주제로 한 심포지엄, 세미나, 워크숍, CEO-CIO 정보화 학술회의, 정보통신 관련

전시회, 경시대회, 홈페이지 중 '옥의 티 찾기' 가족사랑 e-mail 쓰기 대회 등은 각계의 관심 속에 성황을 이루었다.

전자 지방정부 가속화

1인 1PC

민선 2기 도지사로 취임하던 1998년까지도 지방에서는 인터넷을 사용하는 사람은 극소수였으며 충북도의 홈페이지도 1998년 7월 1일에 개통되었는데 감사 받을 때에 쓰지도 않는 홈페이지를 만든 것은 예산낭비 아니냐는 지적을 받을 정도였다. 직원들에게 보급된 컴퓨터도 인터넷 접속이 어려운 286이나 386이 대부분이었으며 여직원 혼자서 워드프로세서나 다름없는 낡은 컴퓨터로 과내의 모든 문서를 작성하는 것이 관행이었다. 이러한 행태와 사고방식도 바꾸고 새로운 변화추세에 따라가기 위해 추경예산까지 동원하며 단기간 내에 모든 직원에게 컴퓨터를 보급함으로써 1인 1PC 시대를 앞당겼다.

시도 행정정보화 사업 추진

당시 정부에서도 지방자치단체의 정보화사업에 역점을 두고 추진하였는데 이에 따라 충북에서도 1차 사업으로2003.12~2005.6 자치행정, 농업, 복지여성, 문화관광, 산림 등 5개 분야의 전산화에 들어갔다.

전자문서 이용 정착

갑자기 전 공무원의 책상 위에 컴퓨터가 설치되자 상당수가 거부감을 나타내었지만 대면결재 방식을 폐지하고 전자결재방식으로 바꾸어 버리자 단기간 내에 컴퓨터 활용이 일반화되었다. 이 과정에서 공무원들은 자격증 취득, Agent 교육, 전산 실무교육 등을 통하여 정보 활용능력을 경쟁적으로 높여갔다. 오래지 않아 전자 결재율은 99% 이상에 도달하였고 일과 컴퓨터는 불가분의 관계가 되어버렸다. 이어 고품질 행정서비스를 위해 유무선 통합통신망시스템이 설치되고2004. 4 보안 강화 통합관제시스템도 구축되었다2004. 5.

3

주요 변화와 성과

정보화나 컴퓨터 등은 자신과 상관없다고 느껴온 많은 주민들이 단기간 내에 생활의 도구로 인식하게 된 것이 근본적인 변화이지만 외형적으로 나타난 몇 가지 성과를 요약하면 다음과 같다.

초고속 통신망 용량 129배로 확대

2000년 4월에 155M에 불과하던 용량이 2001년 6월에 20G로 확충됨으로써 1년 남짓한 기간에 1차선의 좁은 길이 129차선의 고속도로로 확장된 것처럼 폭발적으로 확대되었고 전국에서 가장 먼저 전 읍면동에 인터넷망을 설치한 선도 지역으로 부상하였다.

인터넷 가입자 62배로 증가

'인터넷 가장 잘 쓰는 도' 운동을 시작한 지 4년 만에 6,542

가구에서 402,264가구로 증가함으로써 도내의 인터넷 가입자는 무려 62배로 증가하였다. 이러한 증가율은 전무후무한 사례이기도 하려니와 도민들이 자신감과 긍지를 갖는 데 기여하였다.

지역경쟁력 제고

지역의 정보화 능력 향상과 더불어 지역의 경쟁력도 신장되었다. 기업의 대외경쟁력이 높아짐과 아울러 농민들도 특산품 전자상거래, 가격 정보, 병충해 기술 정보 등을 활용하여 소득 올리기에 힘을 얻고 있었다. 또한 정보화 능력의 향상은 첨단산업지역 조성에도 긍정적으로 작용하였다. 즉 IT산업단지인 오창단지 조성에 도움이 되었고 IT 기반 위에 오송 생명과학단지의 BT산업 선점에 뒷받침이 되었다.

최우수도로 평가받은 충청북도

중앙정부에서는 국무조정실과 행정자치부 등이 주관하여 매년 16개 광역 지방자치단체의 업무실적을 합동 평가하였는데 2002년의 평가기준을 예로 들면 정부 12개 부처소관의 10개 부문 69개 시책을 272개의 지표로 평가하였다.

정보화 부문 최우수도

충북의 정보화는 1999년 초 12위 수준에서 2000과 2001년에 전국 최우수 도로 평가되었고 2004 행정기관 홈페이지 평가에서 우수도, 세계도시 중 전자정부 실현도시 인터넷 콘텐츠 부문 1위, 지자체 관광 사이트 평가에서 최우수도로 선정되는 등 전국단위 평가에서 선두그룹에 들게 되었다.

정부 종합평가 최우수도

전국 14위로 보도되는 등1997. 6. 중앙일보 오래도록 하위권에 처져있던 충북에 역동적인 변화가 일어나면서 정부에서 실시한 종합평가 결과 종합우수도1999~2001로 향상되고 이어 계속 3년간 종합최우수도로 평가2002~2004되는 놀라운 변화를 보였다.

아름다운 기억들

(1) 여직원의 낡은 컴퓨터

도청의 실무자들로부터 격의 없는 의견을 듣기 위해 참석자를 바꾸어 가며 오찬을 자주 하였으나 대부분 듣기 좋은 이야기들이 많고 실제 도정에 반영할 만한 건의는 소수에 불과하였다.

그날도 오찬 시간에 반주를 곁들이고 유머로 직원들의 긴장감을 없애 준 후에 앉은 순서에 따라 한마디씩 발언토록 하였는데 앞에 앉았던 여직원 차례가 되자 "저… 지사님, 이런 말씀 드려도 되는지…" 하며 어렵게 말을 꺼냈다.

"지금 여직원들이 사용하고 있는 컴퓨터는 너무 오래된 것이라 일하는 데 어려움이 많습니다. 새 컴퓨터가 사무실에 오면 과장님이나 계장님 책상 위에 갖다놓고 먼지 앉는다고 하루 종일 씌워놓고 있거든요…"

듣기에 따라서 윗사람 고자질이 될 수도 있을 터이니 긴장한 그 여직원은 조심스럽게 말하였다.

당시 대부분의 직원들은 컴퓨터를 사용하지 않았고 과내의 모든 문서를 여직원 혼자 작성하던 때였으니 과장 책상 위에 얹혀있는 성능 좋은 새 컴퓨터가 얼마나 부러웠을까?

"그래요? 그럼 과장, 계장자리에 있는 새 컴퓨터를 여직원 것과 맞바꾸면 되겠군!" 내 입에서는 즉흥적으로 말이 튀어나왔다.

이튿날 청내의 각사무실에서는 일제히 컴퓨터 옮기는 작업이 벌어졌고 김경희란 여직원의 말이 계기가 되어 기획관리실장에게는 1인 1PC 조기 보급계획과 예산확보 지시가 떨어졌다.

(2) 두려운 표정의 정보통신 과장

정보화 선포식을 한 직후 담당과장을 불러 사명을 다해 반드시 성공시켜야 한다고 강조하자 "사실 제가 정보화에 대해 잘 모르기 때문에 자신이 없습니다"라고 답하는 것이었다.

나는 버럭 소리를 질렀다.

"이 사람아 자네가 못한다면 해 낼 사람이 누가 있어, 고시까지 합격하고 엘리트라고 평가받는 젊은 놈이 자존심도 없는가? 처음부터 아는 놈이 어디 있어, 오늘부터 당장 공부 시작하고 목숨 걸고 해 내! 예산이고 뭐고 필요한 것은 모두 뒷받침할테니… 나가 봐!"

그는 패잔병 뒷모습으로 걸어 나갔으나 얼마 지나지 않아 전문가적 식견으로 당당하게 선두에 섰고 드디어 충북을 정보화 최우수의 반열에 올려 놓았다.

(3) 컴퓨터도 농기계

'인터넷 가장 잘 쓰는 도'의 가장 취약한 대상은 농민이었다.

그러나 시간이 지나면서 컴퓨터 활용의 이점을 알게 되었고 비배 및 병충해 관리, 판매시장과 가격정보, 인터넷 상거래 등으로 소득을 높여가는 농가가 서서히 늘어갔다.

영동군에서 포도농장을 하는 이 모 씨는 내게 참 반가운 말을 하는 것이었다.

"지사님, 고맙습니다. 컴퓨터도 농기계의 하나더군요."

Leadership

4

제85회 전국체전

도민역량의 통합

노후하고 협소한 운동장 시설 등 약점을 아이디어 개발과 첨단 기술을 이용하여 강점으로 반전시키고 도민 통합을 통해 열악한 재정을 극복하면서 성공 체전을 이룬 사례

* 본 사례의 상세한 내용은 '제85회 전국체육대회 백서'(2005. 2 충청북도) 참조.

1

제85회 전국체전 개요

경기 개요

2004년 10월 8일부터 15일까지 1주일간 충청북도에서 제85회 전국체전이 개최되었다.[1)] 이는 14년 전인 1990년에 이은 2번째 개

1) 전국체전의 기원은 3.1운동 이듬해인 1920년 11월 조선체육회가 배재고등보통학교에서 개최한 제1회 전조선 야구대회라고 할 수 있다. 그 후 1929년 조선체육회 창립 10주년을 기념하여 열린 전조선 경기대회는 종합대회 성격을 띤 최초의 체육제전으로, 이 시기는 한국 선수들의 경기력이 성장세를 보임과 동시에 1936년 베를린 올림픽에서 손기정 선수가 금메달을 획득하게 됨으로써 한국 근대 체육의 발판이 마련된 시기였다고 할 수 있다.

그러나 민족 말살 정책을 일삼던 일제 강점기에는 민족의 단합을 도모할 수 있는 체육 제전의 활성화는 일본에게 견제의 대상이 되었고, 결국 1938년 일본인 체육단체인 조선체육협회에 강제 통합된 후 전국체육대회는 18회 만에 중단되었다. 1945년에 이르러 전국 체육대회는 '자유해방 경축 전국 종합경기대회' 라는 이름으로 26회 대회를 치르게 된다. 이듬해에는 조선 올림픽으로 대회명이 바뀌었고 1948년에 이르러서는 오늘날의 명칭인 전국 체육대회로 확정되었으며 이때에 자유 참가제에서 현 방식과 같은 시도 대항제가 정착되었다.

1951년 제32회 전국 체육대회는 6.25 전란 중에도 피난지 광주에서 개최됨으로써 세계 스포츠계의 격려가 쇄도했고 1955년 36회 대회부터는 마니산에서 성화를 채취하기 시작하였다. 1963년 전주대회에서는 전국 각지에서 방문한 선수 및 임원단의 70%를 민박토록 하여 지역간 유대에 기여하게 하였다. 1965년 46회 대회부터는 산업박람회를 함께 개최하여 경제발전에도 기여하였으며 1969년 서울대회에서는 이북 5도 대

최로 개 · 폐회식과 육상경기가 열리는 주경기장인 청주 종합경기장을 비롯하여 청주시 등 도내 12개 시 · 군 63개 경기장에서 고등부, 대학부, 일반부로 구분하여 경기를 치르게 되었다. 이 대회의 참가인원은 24,057명선수 17,958, 임원 6,099으로 주최는 대한체육회, 주관은 충청북도, 충청북도교육청, 충청북도체육회, 후원은 문화관광부이다. 총 경기는 총 41개 종목이었다.[2)]

기본목표와 추진방침

85회 충청북도 전국 체전의 기본 목표는 4가지였다. 그 첫 번째는 화합체전으로 지역적으로는 도민의 화합을, 전국적으로는 국민의 통합을, 나아가 남북의 통일을 기원하며, 두 번째는 환경체전으로 환경과 생명의 존중, 인간과 자연의 조화를 추구하고, 세 번째는 첨단체전으로 첨단산업의 메카로서 바이오토피아 충북의 이미지를 널리 알리는 한편, 네 번째 문화 체전으로서 문화와 예술 스포츠가 한 데 어우러진 축제가 될 수 있도록 하는 데에 목표를 두었다. 이러한 기본 목표를 수행하기 위한 추진방침으로는

표단도 함께 입장하여 통일을 염원을 나타내었고, 1978년 인천대회에선 미국, 일본, 독일, 캐나다, 사우디의 해외 동포들과 함께 입장함으로써 비록 세계 곳곳에 흩어져 있더라도 한 민족임을 보여 주었다.

1984년 대구 대회에서는 전산화, 국제 경기방식 채택, 카드 섹션 등을 도입하여 1986년 아시안 게임과 1988년 올림픽 개최의 기초를 닦게 되었다.

2) • 단체종목: 축구, 세팍타크로, 소프트볼 등 9
• 기록종목: 육상, 카누, 수중 등 11
• 체급종목: 복싱, 보디빌딩, 우슈 등 7
• 개인단체: 정구, 트라이애슬론, 스쿼시(시범) 등 14
• 전시종목: 6개 종목
산악, 바둑, 인라인롤러, 수상스키, 복싱(여), 공수도

① 민족 화합과 바이오토피아 충북의 위상을 제고시키고,

② 체전을 기회로 미흡하였던 스포츠 인프라의 향상과 함께 도민들의 삶의 질을 증진시키며,

③ 생산과 소득을 창출하는 효율적인 경제 체전이 되도록 하며,

④ 한반도 중원문화의 대중화를 이끌어 냄과 동시에 도민의 축제로 거듭나게 하자는 것이 85회 전국체전의 추진 방침이었다.

2

문제점과 대응전략

문 제 점

재정상의 제약

우선 재정자립도가 매우 낮은 충청북도로서는 체전의 개최를 위한 가용재원이 총 731억 원국비 136억 원, 지방비 575억 원, 교육비 20억 원에 지나지 않았다. 개최지들의 선례를 볼 때 개 · 폐회식이 열리는 주경기장 신축에만도 1,500억 원 이상 투자되었다는 점에서 충청북도의 재정상 제약은 너무나 컸다.

시설의 열악 및 부족

경기장 신축과 기존 체육시설의 개보수는 불가피한 상황이었다. 특히 주경기장인 청주종합운동장은 안전도면에서 D급 판정을 받은 불안전한 노후시설일 뿐만 아니라 규모면에서도 인근 시도 경기장의 절반에도 못미쳤다.[3] 또한 경기를 치러야 할 도내 63개 운동장

3) 좌석수: 청주 1만 6천 석, 전주 4만 3천 석, 대전 4만 1천 석.

중 충주 종합운동장을 비롯한 35개소가 시설이 노후하다는 판정을 받았으며 6개 운동종목의 경기장은 아예 확보조차 되지 않은 상태였다. 또한 도내에는 특급 관광호텔이 전무하여 손님맞이 숙박시설도 매우 열악함을 면치 못하였다.

경기력 하위권

물리적인 스포츠 인프라뿐 아니라 도내 소속 선수들의 경기력 역시 전국 16개 시도 중 하위권을 면치 못하기 때문에 개최지로서의 자긍심에 상처가 남을 수 있었다.

학생 등 인력동원의 어려움

과거에는 개회식 때 운동장을 가득 메우는 매스게임이나 단상 맞은편의 카드 섹션들을 위해 학생들을 대량 동원하여 장기간 훈련시키는 것이 관례였으나 근래에 이르러서는 학부모들이 학업에 지장이 있다 하여 동원을 반대하는 분위기가 강하게 표출되고 있어 대규모 행사인 개회식을 치루는 데 어려움이 따랐다.

대응전략

알뜰체전으로 재원 문제 극복

주경기장 신축 지양 빚을 지면서까지 체육대회를 화려하게 치른다는 것은 합당한 일이 아니므로 가급적 가용 재원의 범위 내에서 집행하기로 방침을 세우고 그중에서 예산이 가장 많이 드는 주경기장은 새로 짓지 않고 기존의 시설을 개수하여 사용하기로 하였다. 개수공사 시에는 안전도에 주안점을 두어 D급에서 A급이 되도록 충실하게 보강하고 전광판과 네트워크 등 대회 운영과 관계되는 시설을 수준 높게 교체함으로써 운동장의 기능을 크게 높이면서도 신축 비용의 1/10인 145억만을 사용하였다. 하지만 이로 인해 안전도 문제와 첨단기능 등은 해결되었지만 타 지역 운동장의 절반도 되지 않는 협소한 공간에서 개폐회식을 치러야 하는 문제점이 그대로 남아 있었다.

부실 및 노후시설 개수 및 보강-35개소 주경기장 이외에 부실, 노후했던 35개소에 대해서도 시설 안전에 주안점을 두어 개보수 공사를 시행하고 경기운영 및 편의시설을 보강한 결과 140억 원에 해결할 수 있었다.

6개 종목 체육시설 신규 건립 그동안 도내에 시설을 갖추지 못했던 유도, 다이빙, 배드민턴, 요트, 하키, 카누의 6개 종목의 경기장은 총 279억 원의 예산을 들여 신축함으로써 총 41개 종목을 치러낼 수 있는 시설을 모두 확보하였다.

인정체전으로 시설 및 환경 불편 해소

자원봉사 정예화 2,000명 체육 인프라는 물론 숙박 및 음식점 등의 시설로 인한 불편함을 뛰어 넘기 위해 2,000여 명의 자원봉사자를 모집하여 정예화하고 정성을 다하는 서비스로 인정 체전의 기틀을 마련하였다. 이들은 소양교육과 현장교육을 통해 전문성을 키우면서 격려 음악회 및 발대식 등을 통하여 사명감과 긍지를 느낄 수 있도록 하였고 행사장 안내부터 교통, 의료, 급식, 급수, 미아, 보호, 거리미화 등에 이르기까지 행사 전반에 이르는 여러 가지의 소임을 부여하였다.

시 · 도 · 해외동포 선수단 환영 및 안내 터미널, 고속도로 나들목 등에 나아가 환영, 영접한 후에 체전기간 내내 책임 안내하면서 도내 명소 관광도 실시하였다. 또한 도내 전 지역의 요식업 및 숙박업소들도 타 지역에서 온 시 · 도 및 해외동포 선수단을 개최지의 주인으로서 정성스레 모시면서 인정 체전 충북의 인심을 보여 주었다.

타 시 · 도 선수단 응원 타 지역에서 온 각 시 · 도 선수단들이 응원의 부재 속에서 경기를 치러야 함을 감안하여 28개 팀, 총 3,000명으로 서포터즈단을 구성하고 경기 현장마다 찾아가 외롭게 경기에 임하는 선수들을 응원함으로써 사기 진작에 기여하였다.

상무팀 확보로 하위권 시 · 도에 도움

도내 소속의 얇은 선수층과 낮은 경기력을 보강하는 방안으로 군인체육 부대인 상무팀을 개최지 선수로 출전할 수 있도록 하였다. 초기에는 경기도의 반대 및 몇몇 타 시도의 비협조로 어려움을 겪었으나 2004년 4월 17일 노무현 대통령의 청남대 방문 시에 "상무부대의 활용은 체육계의 빈익빈 부익부 현상을 완화하고 모두가 일등국민의 자긍심을 갖게 하는 시책" 임을 대통령께 건의하고 국방부 장관과 대한체육회장과의 협의 하에 85회 전국체전부터 경기도 선수로만 출전하던 상무팀이 개최지인 충청북도 소속으로 바꾸어 경기에 임하게 되었다.

3

대회의 꽃: 성화

성화 채화

개회식의 꽃으로 불리는 성화는 역시 대회의 하이라이트이다. 그러기에 올림픽 개회식에서부터 각시도 체육대회에 이르기까지 많은 예산을 들여가며 새롭고 인상적인 방법을 찾느라 고심하게 된다. 충북 역시 바이오토피아 충북의 메시지를 강하게 전하는 성화를 어떤 방법으로 표출할 것인가를 놓고 고심을 거듭하게 되었다. 우선 성화채화 방식부터 기존의 틀을 깨고 새로운 방법을 모색하고자 하였다.

그러나 지금까지 전국체전의 성화는 강화도 마니산 참성단에서 채화하는 것이 불문율로 되어 왔기 때문에 방법을 바꾸자는 제의에 각계의 반응들이 매우 소극적이었다. 그러나 계속해서 새로운 방법의 모색을 강조하자 한 회의석상에서 누군가가 "물에서 불을 채취해 보면 어떻겠는가?" 하는 한마디가 계기가 되어 삼산삼해三山三海의 채화방법으로 발전되었다. 그리하여 한반도의 명산인 금강산, 한라

산, 마니산에서 통일의 불을 채화하고 독도, 백령도, 마라도에서 생명의 불을 채취하여 통일시대를 내다보는 Biotopia 충북의 메시지를 전하자는 것이었다.

금강산 등 성화 채화

6곳에서의 채화행사 중 가장 눈길을 끌었던 것은 역시 금강산 채화였다. 금강산 채화를 위해서는 먼저 북한 당국과 합의가 이루어져야 했다. 당시 금강산 관광 사업을 하고 있는 현대아산 김인규 사장의 적극적인 노력과 도움으로 아무런 조건과 부담 없이 채화 계획을 진행할 수 있었다. 드디어 2004년 9월 7일 도내의 각계 대표, 실향민 등 365명으로 구성된 채화단이 북을 향해 길을 떠났다.

버스 10여 대 등 많은 차량들이 긴 행렬을 이루며 비무장 지대를 들어설 때는 긴장된 분위기와 통일의 염원으로 가슴 설레었지만 곧바로 다음날 채화행사에 대한 거정으로 가득했다. 북상하던 태풍이 숙소인 장전항에 도착했을 때는 몸을 가눌 수 없을 정도로 거센 비바람으로 기세를 더하고 있었기 때문이다. 자정이 넘도록 폭풍우의 기세는 꺾일 줄 몰랐다. 인간의 능력으로는 도저히 어쩔 수 없는 일이었다. 채화봉에 성냥불을 붙여 국민 앞에 가져갈 수 없지 않는가? “저 비바람을 거두시고 내일 아침 햇빛을 주십시요!”라고 기도 밖에는 할 수 있는 일이 아무것도 없었다.

다음날 이른 아침, 비는 멎었지만 온 하늘을 뒤덮은 두터운 구름을 원망하며 금강산을 향해 떠나고자 했을 때 우리 모두의 입에서 탄성이 터져 나왔다. 작은 구름 틈새로 한줄기 빛이 쏟아져 내리는 것이 아닌가. 이어 서쪽 하늘부터 구름이 빠른 속도로 걷히기 시작하더니 우리 일행이 채화 장소인 삼선암에 도착했을 때는 기적처럼 구름 한 점 없는 푸른 하늘에 눈부신 태양이 온 누리에 빛을 쏟아 붓고 있었다. "감사합니다! 참으로 빛을 주셨습니다." 이때처럼 햇빛이 소중하고 감사한 적이 없었다.

민족의 명산 금강산의 정기를 머금은 불이 채화경에 붙는 순간 가슴 뭉클했던 감격과 기쁨을 잊을 길이 없다. 더구나 뒤따르는 팔선녀 앞에 성화봉 높이 들고 삼선암을 내려올 때 오색 무지개 머리 위로 쏟아지는 사진은 내 공직생활을 통해 가장 은혜로운 사진이 되었다. 그것은 체전의 성공을 기원하는 많은 사람들의 염원에 응답한 기적이었다고 여겨진다.

북측 지역 성화 봉송 및 수송과 안치

온정각 광장에서 기념행사를 가진 성화는 장전항까지 10Km를 400m씩 25개 팀으로 나누어 전원이 릴레이식으로 성화를 봉송하였다. 비록 그곳은 북한의 영역이라도 행사 당일 우리가 설치한 아치, 플래카드, 충북도기, 체전기, 한반도기, 포스터 등 체전 홍보물의 대량 설치로 충북의 땅, 우리 대한민국의 땅처럼 보였다. 해금강 호텔에서 하루 밤을 지낸 성화는 다음날인 2004년 9월 9일 왔던 길을 되돌아 비무장지대를 거쳐 충북도청 광장에서 안치식을 가졌다. 그 후 나머지 5군데의 산과 바다에서 채화된 불은 생명의 불, 통일의 불로 합화되어 성화대에 점화되었다.

성화대-적은 예산으로 강한 메시지

성화대 역시 최소 예산으로 최대의 효과를 거둘 수 있으려면 다른 것들과 차별화가 필요했고 그 방안을 골똘히 생각하고 있던 어느 날 아파트 공사장을 지나다 높이 솟은 크레인 타워를 보고 가장 높은 성화대를 가장 적은 비용으로 설치할 수 있겠다는 아이디어를 얻었다. 당초 85회 전국체전을 기념하기 위해 85m로 계획하였으나 지반이 연약하여 안전도에 문제가 있으므로 경기장 수와 같은 63m로 낮추었지만 높이에 있어서는 타의 추종을 불허하였다. 종전의 각급 체전들이 20억 원 정도로 투입했던 것과 달리 크레인 타워 설치 사용 후 해체 반납을 조건으로 3억 3천만 원이라는 적은 예산으로 해결될 수 있었다.

성화 운영에 있어서는 21세기의 화두인 '무한소BT와 무한대ST의 융합'을 주제로 정하였다. 무한소는 A, C, G, T의 4개 염기로 분장한 4인이 생명체인 인간의 힘으로 줄을 당기어 점화로에 불을 붙이면 성화대 가장 높은 곳에서는 모르스 신호음을 이용하여 무한대인 우주로 메시지를 쏘아 올렸다. 이러한 성화 내용은 21세기 생명과학과 우주과학으로 떠나는 바이오토피아 충북의 모습을 상징화한 것이었다.

4
새로운 시도: 개·폐회식

개회식: 생명의 중심

개·폐회식의 기본 콘셉트는 "생명, 그 중심에서 하나로" 정하였다. 바이오산업의 중심지를 지향하는 충청북도를 널리 알리기 위하여 개회식은

① 사전행사: 생명의 기운, ② 식전행사: 생명의 기원
③ 공식행사: 생명의 탄생, ④ 식후행사: 생명의 중심

을 각각 주제로 하여 마련하였다.

폐회식: 하나 된 생명

폐회식 역시 Bio 기술의 존재 목적인 생명을 부각시키면서 '하나된 생명들은 미래의 상생과 비상을 꿈꾼다' 는 기본 콘셉트 아래

① 사전행사: 하나로 깨움, ② 식전행사: 생명들의 화합, ③ 공식행사: 하나 된 생명을 각각 주제로 구성하였다.

개·폐회식의 고민과 문제점 극복

협소한 소규모 개회식장

비록 개보수 공사는 마쳤지만 규모가 작은 운동장의 약점을 보완하고자 야간에 개최함으로써 관객의 시각과 관심이 분산되지 않고 행사장 내에 집중되도록 계획하였다.

바이오라는 추상적 메시지 전달

운동장의 면적이 좁은 것이 타 지역에 비해 약점이었지만 이를 활용하여 운동장 바닥 전체를 스크린화하여 영상을 통해 연출하도록 함으로써 오히려 강점으로 반전되었다. 여기에는 일본, 프랑스 업체가 참여하여 Visual Shock 기법이라는 PIGI 8대, 스카이 32대 등 첨단 특수 장비가 활용되는 기술이 사용되었고 넓지 않은 공간이었으므로 관중들의 이목이 집중될 수 있어 생명을 주제로 펼쳐 갈 바이오토피아 충북의 이미지를 화려하고 쉽게 전달할 수 있었다. 행사 자체의 외양보다는 내용에 충실한 행사가 되었음은 충북체전 개회식이 이뤄낸 성과였다.

매스게임 등 학생동원의 거부감

플로어 대형 스크린의 영상연출로 인력연출은 보조수단화되었기 때문에 대규모 학생동원에 따른 어려움은 발생하지 않았다.

출연진의 자발적인 참여로 학생 1,585명과 군인 820명, 일반인 125명 등 총 2,530명만이 출연하였지만 영상과 더불어 시너지 효과를 크게 발휘할 수 있었다. 한 일간지는 이를 보고 "아테네 올림픽 개회식보다 낫다"는 전면 특집 기사를 보도하기도 했다.

전 좌석 가득 메운 폐회식

일반적으로 폐회식은 주관자와 수상자들만의 행사가 되기 일쑤였다. 그러나 개회식 때부터 한 곳에 모인 충북 도민의 관심은 폐회식까지 이어져 전 좌석을 가득 메우는 유례 없는 성황을 이루었다. 폐회식은 '생명의 전파'를 주제로 하여 어린이들의 인사와 씨앗의 전달, 화합과 상생 시대의 선포, 아리랑 군무, 씨앗의 전파, Bridge 영상 등으로 구성되어 성황리에 마감되었다.

5

주요 성과 및 교훈

주요 성과

제85회 전국체전의 개최는 스포츠 발전, 도민역량의 통합, 그리고 지역 이미지 제고와 지역경제에 기여하는 성과를 거두었다.

스포츠 발전

85회 충북 체전은 민족스포츠 제전으로서 16개 시도와 13개국의 해외동포 등 총 24,143명의 선수가 참가함으로써 당시까지로서는 가장 큰 체전이 되었다. 또한 181개의 신기록을 냄으로써세계신 4, 한국신 29, 대회신 148 스포츠 인재 발굴 육성에 기여하였다.

개최지로서 긍지를 살리고자 하는 노력과 상무팀의 영입 등으로 전년 11위에서 3위로 부상하는 성과를 거두었고 대회를 계기로 모든 종목의 경기를 도내에서 소화할 수 있는 시설을 확보하였으며 지방 최초의 다목적 스포츠 센터를 건립하는 등 스포츠 발전의 기반을 다지게 되었다.

도민역량의 통합

체전의 기본 목표가 '화합체전' 이었던 만큼 체전을 통해 으뜸 도민, 으뜸 충북의 기반을 튼튼히 하였다. 체전 개최를 통해 모든 도민들이 체전의 주역이라는 자부심과 애향심이 고취됨으로써 도민 에너지의 통합이 이루어졌으며 다양한 행사를 통해 문화 창달에 기여하는 성과를 거두었다.

지역이미지 제고와 지역경제에 기여

정체된 이미지를 가지고 있던 충북이 체전을 통하여 바이오토피아 충북으로서 새로운 이미지를 확산시켜 나갔다. 또한 알뜰 체전을 통하여 예산을 절약하면서도 지역경제에 기여하였다. 연구기관의 분석에 따르면 총 소요예산이 731억 원으로 시설건립 및 정비투자 564억 원(77%), 대회 운영경비 등 167억 원(23%)이 비용으로서 사용되었지만 창출된 지역경제 파급효과는 이의 3배 가량으로 생산유발 효과 1,597억 원, 소득유발 효과 606억 원, 부가가치 효과 164억 원, 취업유발 효과 2,011명으로 지역 경제에 이바지하는 성과를 가져왔다.

교 훈

필요는 발명의 어머니

우리가 살아가는 동안 꼭 해결해야만 될 과제를 만났을 때 포기하거나 피하려고 한다면 패배나 후퇴의 길을 가는 것이고 조직의 일원일 때에는 경쟁에서 밀려나 도태의 길로 접어드는 것이다.

모든 문제는 답이 있으며 대부분의 경우에는 여러 개의 답이 있다. 그 중에서 최선만이 답이 아니다. 차선, 차차선도 답이 될 수 있다. 상황과 능력의 허용한도 안에서 최선을 다해 해결 가능한 길을 선택하는 것이 결국 최선이 될 수 있는 것이다.

전국체전의 사례가 바로 그런 것이었다. 재정능력, 시설, 경기력 등을 감안해 보면 개최 불가의 주장이 나올 수 있다. 그러나 스스로에게 벅찬 짐을 지워 놓으면 살아남기 위해서도 놀라운 힘이 나온다. 궁즉통窮卽通이랄까, 해법이 나오게 되는 것이다.

리더의 역할

일상화된 것이나 순조로운 과제일 경우 리더의 역할은 크게 중요하지 않다. 그러나 어렵고 중요한 과제나 위기에 처했을 때 리더의 역할은 절대적이다. 전쟁터에서 승리와 패배, 병사들의 생존과 죽음은 그 전투를 이끄는 장수에 의해서 결정되는 것과도 같다. 그러므로 리더는 승리했을 때의 영광과 함께 실패했을 때의 책임도 모두 자기가 져야 한다. 승리하기 위해서 리더는 자신의 모든 것을 바쳐야 한다.

믿고 따르게 해야 한다 지휘자가 흔들리거나 자신이 없어 보이면 지시사항도 잘 이루어지지 않을 뿐만 아니라 직원들은 안전한 길만을 찾으며 일을 가급적 축소시켜 나가게 되므로 공격적이거나 창조적인 분위기는 기대할 수 없게 된다. 그러한 조직으로는 어렵고 힘든 과제를 결코 성공시킬 수 없다.

그러므로 리더 자신이 먼저 분명한 목표와 방향을 설정하고 자기를 믿고 따르면 성공할 수 있다는 확신을 널리 갖게 해야 한다. 그러므로 핵심 참모부터 달성해야 할 목표와 사명감, 그리고 성공에 대한 자신감을 갖게 해야 하고 담당부서에서 지원부서, 전 구성원으로 넓혀가야 한다.

만일 당시에 전국체전의 개최 여부를 공론에 부쳤다면 여건이 좀 더 성숙될 때까지 뒤로 미루자는 것이 대세였을 것이다. 그러나 체전을 치러냄으로써 오히려 지역발전과 여건 개선을 앞당길 수 있을 뿐만 아니라 지역경제 기여는 물론 이미지 홍보와 도민통합을 이루는데 반드시 필요한 사업임을 확신시켜 나갔다. 그리하여 성공체전에 대한 공감대는 공무원과 체육계에서 시작되어 각급 기관과 단체, 도민 전체로 빠르게 확산되었다.

창조적 사고와 아울러 선택의 지혜는 중요하다 리더에게는 비전이 있어야 하고 영향권 내에 있는 사람들에게 꿈과 희망을 제시해야 한다. 그러기 위해서 리더는 앞서 보고 멀리 생각해야 하며 창조적 사고로 항상 새로운 것을 추구해야 한다. 그러나 자기주장이 지나치면 독선으로 흐르거나 한쪽으로 치우치기 쉽다. 모든 것을 다 아는 사람은 없기 때문이다. 그러므로 참모나 학자 및 전문가, 자문단, 일반 여론 등을 폭 넓게 살피고 여러 가지 대안 중에서 최선의 것을 선택하는 지혜가 필요하다. 설사 자신의 아이디어를 확신한다 하더라도 논의에 부쳐 관계자들이 정책 결정과정에 참여하여 검토하고 발전시킬 때 성취도가 훨씬 높아진다. 예를 들어 전국체전의 개회식과 폐회식의 콘셉트 설정과 진행방법, 삼산삼해의 성화채화, 성화대 설치와 점화 방법, 주 경기장의 리모델링 등이 모두 그렇게 이루어진 것이다. 또한 타인의 제안이 미흡한 경우에도 고치고 더해서 활용하고 공을 제안자에게 돌리면 창조적인 조직으로 성장해 간다.

힘든 일은 직접 나서서 해결해야 한다 공무원 조직에 있어서는 직급에 따라 영향력의 범위도 차이가 나는 것이 일반적인 현상이다. 그러므로 크고 힘든 일을 아랫사람들에게만 맞기면 달성 정도도 높지 않으려니와 유능한 상사로 평가해 주지 않는다. 중대한 일이나 어려운 일일수록 직접 나서서 해결할 때 성취도도 크고 구성원들의 신뢰도 높아진다.

군 체육부대 활용을 위해 도지사가 대통령께 직접 건의한 후 국방부장관 및 대한체육회장과의 협의를 통해 톱다운 방식으로 해결한 것, 중앙 정부의 예산지원이나 귀빈 모시는 일 등을 위해 관계부처 장 · 차관이나 요인을 방문하여 결말을 짓는 것 등을 예로 들 수 있다.

주역을 많이 만들어야 한다 누구에게나 성취욕은 있다. 피동적으로 끌려가는 것보다 스스로 주역이 되어 일할 때에 성취도가 높아질 뿐만 아니라 일의 질도 훨씬 좋아진다. 개인별 강점을 칭찬해주고 기대치를 부여하면 그 이상을 달성해 낸다. 그리고 자기가 주도하여 해 낸 일이라고 자랑하게 된다. 예로서 "가장 높은 성화대"의 설치와 해체까지 맡았던 기술직의 S 사무관은 잊을 수 없는 보람이라고 말하고 있다. 손님맞이 운동을 벌이면서 각 협회와 단체들 또한 모두 주역으로 나섰다.

자원봉사자와 응원단은 기간 내내 소임을 다했고 모범운전자 등 택시기사, 숙박업 협회, 음식업협회, 의사회, 간호사회, 한의사회, 약사회 등이 각 기능별로 봉사에 나섰다. 또한 새마을 지도자, 부녀회, 바르게살기협회, 민간사회단체연합회, 해병전우회 등 민간단체들이 앞장서고 일반 도민들도 꽃길을 만들고 거리를 청소하며 모두 주인이 되어 성공체전에 앞장 서 주었다.

그리고 안전과 질서는 경찰과 소방조직이, 통신은 KT, 보도와 실황중계는 언론사가 분담함으로써 사건이나 사고 한 건 없이 풍성한 수확을 거두는 성공체전이 될 수 있었다. 그리하여 85회 전국체전은 어려운 여건을 극복하고 도민통합을 이루며 모두가 주역이 된 가운데 성공체전의 평가를 받을 수 있었다.

Leadership

5

호남고속철도 오송 분기역 유치

신행정수도 입지가 가져다 준 기회

국가의 개발정책에서 소외되었던 충북이 통합된 도민 에너지로 호남고속철도 오송 분기역을 유치함으로써 국토의 중심에 서게 된 사례

* 본 사례의 상세한 사항은 '호남고속철도 분기역 오송(청주)유치백서 상 · 하 부록' (2006. 6. 유치추진위원회)을 참고.

강원동해안권
서울
정선
원주
영월
태백
태백선
제천
경부고속철도
중부내륙권
충주
천안
영주
오송
청주
대전·청주권
문경
예산
안동
공주
대전
보령
상주
의성
논산
서천
구미
김천
대구
익산
전주·군장권
영천
전주
호남고속철도
부산·울산·경남권
남원
창원
마산
진주
사상
부산
송정리
광주
나주
광양
순천
광양만·진주권
여수
보성

1

사례의 개요

"이제 우리는 도약을 위한 새로운 주춧돌을 놓았습니다. 12개 성상을 쉼 없이 달려오면서 오직 충북의 발선을 앞당겨야 한다는 일념이 하늘에 닿아 우리가 그토록 열망해 왔던 오송 분기역이 마침내 확정된 것입니다. 수많은 절망과 시련, 그리고 그 누구도 장담할 수 없었던 불확실한 현실 속에서 150만 모두가 보여 준 변함없는 끈기와 응집력은 오송 분기역 유치라는 값진 열매를 수확해 냈습니다."

– 유치백서 발간 도지사 인사문 중에서 –

위의 글은 호남고속철도가 경부고속철도와 만나는 분기역이 청주 근교의 오송으로 확정 발표된 후 오랜 염원이 성취된 충북 도민의 마음을 잘 나타내고 있다. 호남고속철도 건설은 노태우 전 대통령의 선거공약으로 발표된 이후 20년 가까운 세월이 흐르면서 당초 서울–천안–논산–목포 노선이 최적안으로 제시된 가운데 천안이라는 두 글자를 오송으로 바꾸는 데에 장장 12년간의 긴 투쟁이 필요했고 결국 서울–오송–논산–목포로 변경되어 확정되기에 이른 것이다.

추진경위

1987년 12월 제13대 대통령 선거 공약으로 호남고속철도 건설방침이 발표되면서 분기역에 대한 관심도 시작되었다. 그로부터 3년 후인 1990년 4월부터 10월까지 호남고속철도 건설의 타당성 조사가 국토개발연구원에 의해 이루어졌는데 이때 최적안으로 "서울—천안—논산—송정리—목포" 노선이 제시되었다. 이러한 국토개발 연구원의 연구결과를 바탕으로 1993년 8월 24일 발표된 교통부의 건설계획은 다음과 같이 3개의 기본 안을 제시하고 있다.

〈1안〉 서울—대전경부공유, 대전—송정리기존개량, 송정리—목포복선개량
〈2안〉 서울—천안경부공유, 천안—논산신설, 논산—송정리기존개량, 송정리—목포복선개량
〈3안〉 서울—천안경부공유, 천안—공주—논산—송정리—목포신설

과거 경부선 철도 건설 당시, 지역의 반대로 청주가 아닌 충청남도 조치원에 기차역이 설치된 후 개발축에서 소외된 아픔을 경험했던 충북 도민들은 교통부의 건설계획 중 어디에도 오송역이 속해 있지 않자 1995년 11월 3일 충북시민회장 등 민간 지도층 인사가 중심이 되어 호남고속철도 분기역 오송 유치추진위원회를 발족하게 되었다. 위원회는 지역원로, 단체대표, 교수, 종교지도자, 도의원, 시군의회 의장 등 총 54명으로 구성된 후 장장 12년간 활동을 전개하여 왔다.

그간의 주요 활동 내용을 보면 공청회, 세미나, 토론회, 간담

회, 정책협의회, 성명서 등을 통해 관심도를 넓혀가면서 대안노선의 연구용역, 오송 분기역의 타당성 논리 개발 등 학술적 활동도 전개하였다. 또한 중앙 정부 및 정계 관련 인사와의 회의, 건의, 면담, 조찬회, 오·만찬회 등의 활동을 통해 협조를 구하고 지원세력을 구축해 나갔다. 아울러 필요할 때마다 도민 궐기대회, 관계기관 항의방문, 공청회장 점거 등과 같은 물리적 활동으로 강한 의지를 표명하면서 언론매체를 활용한 토론, 대담, 기자회견, 특집방송 등으로 여론을 확장해 나갔다. 또한 영향력 있는 관련 인사와 타 시도를 방문하여 협조를 요청하는 등 다양한 활동을 전개해 왔다.

2

주요 활동 전개

초기 활동: 검토 및 대안제시

분기역을 오송으로 유치하기 위한 초기의 노력은 정부가 발표한 계획을 다각적으로 검토하면서 새로운 대안을 제시하는 작업이었다. 당초 정부의 유력안은 천안—공주—논산을 연결하는 안으로 동 구간의 연장은 68km이며 공주역 역세권 이용인구는 17만 명으로 추산되었다. 이 경우 천안—논산간 소요시간은 15분으로 호남지역과 수도권간의 통행시간을 단축시킬 수 있고 백제권 개발을 촉진시키며 천안 역세권 개발로 투자비 조달에 도움이 될 수 있다는 장점을 가지고 있었다.

이에 대해 충북은 첫 번째 대안으로 오송—박정자—논산을 연결하자는 안을 제시하였다. 이 안은 연장 54km로서 청주 · 대전권의 교통인구는 253만 명이며 천안—논산 간의 소요시간은 18분으로 정부안 보다 3분이 더 걸린다. 그러나 역세권 인구가 훨씬 많고 호남 · 충청 · 강원지방을 연계하여 수송 수요를 극대화할 수 있을 뿐만 아니라 오송과 대전을 잇는 첨단산업축의 형성에 도움을 주며 연장거리가 단축되어 건설비용을 절약할 수 있다는 점 등의 장점을 가지고 있다.

충북이 제시한 두 번째 안은 오송—공주—논산으로 이어지는 대안으로 연장 54km, 청주 · 공주권 교통인구 170만 명, 천안—논산간 소요시간은 역시 18분이다. 이 안은 백제권 개발촉진과 함께 오송 역세권 개발이 용이하며 호남 · 충청 · 강원지역의 연계가 이루어진다는 장점단 최소반경 4km, 최대구배 1.5% 검토이 있다. 이러한 검토 결과를 바탕으로 충북에서는 비용의 효율성과 이용 효과의 극대화, 지역 발전 등의 관점에서 첫 번째 안인 오송—박정자—논산안을 정부에 제시하고 분기역 유치활동을 펴나가기 시작하였다.

정부 기본계획의 진전

관심 밖의 대안 오송

충북도는 유치위원회와 힘을 합쳐 건교부와 교통개발 연구원 등에 공문으로 건의하는 한편 직접 방문하여 대화하면서 오송 분기역의 강점을 계속적으로 주장해 나갔다. 이 과정에서 필요한 연구용역, 세미나 그리고 타 지역이나 기관의 지지와 협조 활동 등에 소요되는 예산은 유치위원회에 지원하여 집행토록 하였다. 특히 1996년 12월 교통개발연구원 주최로 개최된 호남고속철도 노선 공청회에서 충북 대표들은 천안 분기역의 부당성을 지적하면서 공청회 재개최를 요구하였지만 1999년 10월 교통개발연구원의 최종 용역 결과는 '천안—익산—목포' 구간으로 발표되었다.

이에 천안을 분기점으로 표기한 국가 기간교통망계획의 정정을 요구하면서 대통령, 국무총리, 건교부장관에게 오송 분기역의 강점과 아울러 지역정서를 설명하면서 천안역의 재검토를 요청하였다. 그러나 1999년 12월 18일 국가 기간교통망계획은 변화 없이 관보에 고시건교부 제99-386되었다.

충북의 계속된 요구에도 불구하고 정부가 반응을 보이지 않자 유치위원들은 정부종합청사에서 항의집회를 열고 청와대를 방문하여 주장을 전달한 후 도의원 27명 중 당시 여당이었던 자민련과 국민회의 소속 20명이 탈당 움직임을 보이는 등 투쟁 강도가 보다 높아졌다.

오송을 인식시킨 총리공관회의

상황이 이토록 갈등 국면으로 치닫자 충북의 요구에 따라 1999년의 연말이 임박한 12월 28일 김종필 총리 주재로 건교부장관 및 관계국장, 총리비서실장, 대변인 등 정부 측 인사와 도지사, 도의회의장, 유치위 대표, 지역 출신국회의원 등 충북 측 인사가 삼청동 총리공관에서 조찬회의를 가졌다.

이때 주요 발언으로 건교부장관은 "연말이 임박한 시점이라 이미 고시된 사항을 수정하여 다시 고시하기에는 시간상으로도 어렵기 때문에 내용을 도면에 별도로 첨가하여 관보 변경과 같은 효력을 갖게 하며 추후 기본 설계과정에 충북을 반드시 참여시키겠다"고 약속하였다. 또 당시 경질이 예정되어 있던 김종필 총리는 "동 합의사항을 오는 연초 충북지역 자민련 신년교례회에서 재천명할 것임과 이를 후임 박태준 총리에게 인계하고, 앞으로 기존의 용역기관인 교통개발연구원을 배제함과 동시에 외국 연구기관을 포함, 신뢰할 수 있는 기관에 용역을 의뢰하겠다" 고 결론지었다.

이러한 합의에 따라 전혀 고려되지 않았던 오송 지역이 검토 대상에 오를 수 있게 되었고 지금까지 배제되어 왔던 충북이 논의 과정에 참여할 기회를 얻어 내게 되었다는 점에서 정책 전환의 분수령이 되었다. 그러나 총리나 장관의 약속은 회의록에 남아 있을 뿐이지 공식 문서로 작성된 것이 아니기 때문에 이를 정치적 발언으로 해석하고 이행하지 않는 경우에는 강제할 수단이 없으므로 불확실성은 그대로 남아 있을 수밖에 없었다. 그러므로 건교부장관의 발언을 공식 문서로 작성해 줄 것을 요청하면서 12월 31일 종무식이 임박한 시간에 행정부지사가 파견되어 공문을 받아 내는 이례적인 일도 이루어졌다.

이어 건설교통부에서는 "호남고속철도 분기점은 아직까지 정부 계획으로 확정된 바 없으며 착공 전 기본계획 수립 시 정확하고 적정한 위치를 선정하여 결정할 것임" 이라고 조찬회의시 합의사항을 그대로 판보의 철도망계획 도면 하단에 부기하여 고시하였고 2000년 1월 5일 제 4 차 국토종합계획 확정 공고안의 분기역 위치는 천안과 오송의 중간부분으로 애매하게 표시되어 공고되었다.

상황전개 및 조치

지방의원들의 궐기대회

힘든 과정을 통해 분기역 미확정 및 재검토라는 정부 입장을 이끌어내었지만 오송 분기역의 모습은 보이지 않을 만큼 아득한 일이었다. 21세기가 밝으며 새해가 되었지만 정부를 규탄하고 도지사와 지역출신 국회의원들을 원망하는 분위기 속에 2000년 1월 5일에는 지방의회가 주축이 되어 도, 시군 의원들의 합동 궐기대회가 열렸다. 이 대회에서는 성명서 발표, 결의문 채택, 삭발, 혈서, 가두시위 등 과격한 활동까지 불사하면서 지역 국회의원들의 당적과 당직 사퇴를 요구하였고 여권 소속 자민련 중심의 도의원 20명이 집단 탈당함으로써 충북지역의 자민련 기반이 붕괴되기 시작하였다.

조직정비 및 기능강화

전담반 구성과 역할 분담 상황에 따라 산발적으로 대응해 오던 것을 1999년 연말을 계기로 여건이 바뀌었기 때문에 조직적이며 지속적으로 대응해 나가기 위해 정예요원 8명을 선발 배치하고 행정부지사를 반장으로 하는 전담반을 구성하면서 민간인으로 구성된 오송유치위원회에 대해서도 전폭적으로 지원을 높였다. 아울러 도 · 의회 · 유치위가 유기적으로 협력해 나갈 수 있도록 연석회의를 열어 추진방향을 설정하고 역할을 분담토록 하였다.

협력 기반의 확대 우선 강원, 충북, 경북이 참여하는 3도 협력회의를 개최하여 오송 유치 공동합의문을 발표하고 협력 범위와 공감대를 확대시키는 한편 정치권의 공감대 형성을 위하여 도내의 새천년민주당, 한나라당, 자유민주연합, 민주국민당, 희망의 한국신당 대표와 각지구당 위원장으로부터 무소속 출마 예상자들에 이르기까지 정치권의 협력 기반을 넓혀 나갔다. 또한 지역출신 국회의원들은 정치권 및 관계 장관과의 회동주선, 국정질의 등 다각적인 노력을 계속하였다.

당위성 확보와 여론 형성 오송역의 당위성과 비교 우위 개발을 위해 9,700만 원의 예산을 들여 한양대 국토·도시개발정책연구소에 용역을 의뢰하여 활용하고 워크숍, 현지답사, 토의, 주요인사 면담, 각급 단체의 행사시 계기성 홍보, 대담방송, 기자회견, 국제학술회의 등 다양한 방법으로 여론을 형성하고 홍보의 폭을 넓혀갔다.

용역기관과의 갈등

변하지 않는 연구용역 건설교통부는 노선결정 용역기관에서 교통개발연구원을 배제하겠다던 약속과는 달리 일 년 사이에 장관이 두 번이나 바뀌면서 2001년 4월 23일 우선협상 대상기관으로 교통개발연구원을 선정하였다. 충북은 그동안 작업을 계속해 오던 교통개발연구원이 또다시 용역기관으로 선정되는 한 평가의 공정성이 확보되지 않는다는 관점에서 집중적이며 밀도 있는 철회 활동을 전개하였다.[1)] 그 결과 5월 26일에는 충북대표단과 건교부장관의 면담이 이루어지면서 다음과 같은 사항들이 합의되었다.

- 분기역과 노선은 KOTI교통개발연구원와 분리 독립하여 용역을 수행한다.
- 분기역과 노선 용역은 KOTI가 아닌 제3의 기관에 별도 용역을 의뢰한다.
- 용역비는 KOTI에 맡기지 않고 건교부가 직불한다.

---

1) — 건의문, 성명서, 결의문 채택·발송 6회, 유관기관 협의회 10회
— 중앙방문 건의, 항의 23회, 인근지역 공조활동 7회
— 언론대담 및 신문보도 98회, 기타활동 33회

• 분기역과 노선의 용역보고서는 KOTI를 거치지 않고 건교부에 직접 제출한다.

• 단, 용역결과는 외국 전문연구기관에 확실한 검증을 받는다.

그러나 새로이 선정된 대한교통학회의 중간연구 결과조차도
2002. 7. 25 서울에서 목포까지 전 구간을 신설하는 것을 전제로 함으로써 천안분기에 유리한 방향으로 흘러가고 있었다. 객관적으로 보더라도 경부고속철도의 용량이 크게 남아도는 상황에 새로운 노선을 추가로 신설하여 복복선을 건설한다는 발상은 이해할 수 없는 것이었다. 그 후 새롭게 건교부장관으로 부임해 온 임인택 장관과 2002년 8월 2일 조찬 간담회가 마련된 자리에서 복복선 건설안의 부당성을 지적하고 호남고속철과 충북선을 연계하는 X축 형성방안을 제시하자 장관이 배석한 건설기획단장에게 즉석에서 용역지침 변경을 지시하였다.

통합되어 가는 도민에너지 일이 난항을 겪으며 어려운 국면이 계속되자 힘을 합쳐 해결하자는 도민들의 의지는 반대로 커가고 있었다. 도의회에서는 유치특위를 구성하고 시군의회는 물론 타 시 · 도와의 협조를 통해 공동대응 기반을 넓혀 갔고 교회마다 기도하면서 기독교연합회 주관으로 청주체육관에 8,000명이 모여 오송 분기역 유치를 위한 불꽃기도회를 열었다. 국회의원, 도, 시 · 군의회, 시민단체 등 각 기관별로 유치결의 대회나 토론회를 여는 등 각계 도민들의 의지와 힘이 하나로 통합되어 갔고 신문 방송 등 지역 언론들은 촉매와 길잡이 역할을 해 주었다.

무산된 공청회 2002년 10월 12일 수정 배포된 용역보고서에는 그동안 충북이 제기했던 쟁점 사항들이 반영되고 오송 분기

역에 관한 내용도 함께 다루어졌다. 그러나 2003년 7월 4일 공청회가 과천시민회관에서 열리게 되었는데 미리 배포된 자료를 검토한 결과 복복선 신설안이 되살아나면서 충북선과의 연계는 미미하게 다루는 등 천안 분기역을 염두에 둔 공청회라는 느낌이 들었을 뿐만 아니라 다른 여러 곳에서도 상당한 오류가 발견되었다.

이에 분노한 충북 유치위원들은 버스 8대로 350명이 상경하여 회의장을 점거하고 공청회를 무산시키면서 공개 사과를 요구하였다. 결국 용역 연구진이 오류사항을 시인하고 공개 사과하였으며 잘못된 부분은 충북과 협의를 거쳐 보완한 후 공청회를 다시 열기로 하였다.

3

행운의 여신 행정수도

행정수도와 분기역 연계

공청회가 무산된 후 불신감에 가득 찬 유치위원장 등 민간대표 13명은 2003년 8월 7일 최종찬 건교부장관과 면담 자리를 갖게 되었다. 대표 측은 공청회의 허구성을 지적하고 관계자 문책을 요구하면서 조속히 향후 대책을 세워 줄 것을 주문하였다. 이에 대해 장관은 공청회의 문제점을 잘 알고 있으며 분기역의 위치는 행정수도 입지가 선정된 이후에 결정하겠다는 방침을 밝혔다.

때마침 당시에는 충청권에 행정수도를 건설하겠다는 노무현 대통령의 선거공약에 따라 입지선정 논의가 활발하게 진행되고 있던 때이므로 행정수도와 분기역을 연계시키는 것은 합당한 판단이었다.

행정수도 입지결정이 서서히 지연되어 가면서 그 해 12월 11일에는 건교부와 교통학회, 교통개발연구원과 충북이 참석한 가운데 복복선 건설 방안은 완전 삭제하고 분기역 결정은 행정수도 입지 결정 후 전면 재검토한다는 합의가 이루어졌다.

오송의 명분 신행정수도 관문

마침내 2004년 7월 5일 신행정수도 후보지가 연기 · 공주 지역으로 결정 발표되었다. 동 후보지는 오송에서 불과 6.6Km의 근거리일 뿐만 아니라 노선 안이 예정지를 스쳐 지나가게 되어 있으므로 신행정수도 관문 역으로서 오송의 당위성 주장은 힘을 얻을 수 있게 되었다. 그러므로 가장 먼저 건교부장관을 면담한 후 교통개발연구원과 국토연구원의 관계자들에게 신행정수도의 관문역으로서 오송의 타당성을 주장해 나아갔다. 또한 유치위원들은 물론 국회의원, 도의회, 시군의회, 각급기관단체, 지역 언론 등 모두 힘을 얻어 오송의 강점 홍보에 나서기 시작하였다. 특히 강동석 건교부장관은 면담 자리에서 분기역은 행정수도와 지역간의 교통망을 고려하여 결정하겠다는 뜻을 밝힘으로써 오송지역에 희망을 더해 주었다.

분기역 결정 용역

용역기관은 대한교통학회, 교통개발연구원, 철도기술연구원, 한국개발연구원, 국토연구원의 다섯 기관 가운데 한 기관을 선정토록 되어 있었으나 충청권 3개시도가 각기 견해를 달리했다. 대전광역시에서는 국토연구원을, 충북에서는 교통개발연구원을 배제하자는 것이었고 충남에서는 국토연구원이나 교통개발연구원에 한해 수용하겠다는 주장이 엇갈렸으나 결국은 다음과 같은 조건 아래 국토연구원이 선정되었다.

11억 1,500만 원의 예산으로 2004년 10월부터 2005년 12월까지 용역을 실시하되 ① 매 과정마다 3개 시도와 협의를 진행할 것, ② 장단점 평가 없이 천안, 오송, 대전의 평가요소 및 자료만을 제시할 것, ③ 신행정수도 입지선정 방식을 준용하여 평가할 것, ④ 전국 시도추천 전문가, NGO 등 50~100명으로 평가단을 구성할 것 등이었다.

4

본격적 홍보

오송역의 우수성 분석

행정수도 입지선정 이전까지는 출구 없는 절벽 속에서 싸운 투쟁의 시기였다면 선정 이후부터는 희망을 가지고 다음과 같은 우수성을 부각시킨 홍보의 시기로 전환되었다

① 오송역에서는 호남고속철도를 충북선과 연결시켜 고속철도의 X축 구조를 형성할 수 있으므로 개발축에서 소외되었던 강원—충청—호남지역의 균형적인 발전을 촉진시킬 수 있다.

② 오송—영월—삼척—원산으로 이어지는 노선은 장차 TSR, TCR로 연계 발전시킬 수 있다.

③ 신행정수도와의 거리가 천안 32Km, 대전 19.2Km에 비해 오송은 6.6Km주변지역까지 1.6Km로 가장 근접해 있으므로 신행정수도 관문역으로서 최적지이며 전국에서도 접근하기가 가장 편리한 지역이다.

④ 행정수도 관문공항이 될 청주국제공항이 오송역과 근거리에 있어 편리한 이동축을 형성할 수 있다.

⑤ 천안보다 신설구간이 9.8Km 단축되어 4,360억 원의 절감효과를 가져온다.

⑥ 역세권 인구가 93만 명인 천안에 비해 오송은 330만 명으로 3배 이상 되며 연간 수익도 천안보다 718~1,787억 원, 대전보다 219~534억 원이나 많은 것으로 추산되었다.

⑦ 백제문화권을 관통해야 하는 노선 주변 1Km 이내의 지정문화재는 오송 11건, 천안 48건, 대전 24건으로 문화재 훼손을 최소화할 수 있는 곳 또한 오송이다.

홍보방법의 다양화

이와 같이 오송의 장점들을 정리하여 서한문, 브로슈어, 팸플릿, Tape, CD 등의 홍보물을 제작하고, 인터넷과 TV, 신문 특집 및 광고, 야립간판, 광고판, 플래카드, 광고탑, 현판 등으로 홍보방법을 다양화하였으며 전 도민의 의지를 나타내는 동전 150만 개 모으기 운동과 어깨띠, 손수건 등 필요한 소품들도 대량 제작하여 활용되었다.

또한 도내 각 지역은 물론이고 호남권, 영남권, 수도권, 강원권으로 구분하여 행정기관과 의회 및 각급 단체를 대상으로 홍보와 아울러 협조를 요청하였다. 또한 각급 언론사, 용역기관, 전문가, 학자들에게는 자료를 제공하며 영향력 있는 인사들에게는 서한 및 홍보물을 우송하거나 직접 방문하여 오송 유치의 필요성을 설명하면서 성원해 줄 것을 요청하였다.

정책결정에 영향력이 큰 청와대, 건교부, 국회, 정당 등에는 계기가 있을 때마다 보고, 건의, 면담, 간담회, 공식회의, 토론회, 조찬회 등을 통하여 이해 설득시키는 등 협조 분위기 조성을 위한 홍보 활동도 계속하였다.

이러한 활동의 중심에는 충북도청이 있었으나 유치위원회, 지방의회, 각 시군, 학계, 종교계, 일반시민 등이 혼연일체가 되어 총체적인 성과를 나타내게 되었다.

5

제동과 혼란

신행정수도특별법의 위헌

유치를 위한 노력이 계속되던 2004년 10월 21일 헌법재판소에서는 신행정수도 건설특별법이 위헌이라는 결정을 내렸다. 행정수도 건설과 연계하여 탄력을 받았던 오송역의 당위성 역시 흔들리며 위기를 맞게 되었다. 그러나 정부는 위헌결정에도 불구하고 지속 추진하겠다는 방침으로 중단 없이 용역을 진행키로 하였지만 불확실성은 매우 커졌고 정부대안 결정시까지 지연과 혼란은 불가피하였다.

지역간 갈등과 홍보

2005년 1월 26일 박근혜 당시 한나라당 대표가 충북도청을 방문했을 때 "국가균형발전을 위하여 호남고속철도의 분기역은 오송이 가장 합당"하다는 지지 발언을 함에 따라 오송 분기역이 한나라당의 당론으로 보이게 되었다. 이에 충남도와 공주시 의회에서는 한나라당의 오송 지지 철회를 요구하면서 천안분기역 지지 성명서를 발표하였으며 대전시에서는 분기역 선호도 조사를 발표하는 등대전 53.9%, 천안 33.3%, 오송 12.8% 반발이 이어졌다. 이러한 분위기 속에서도 충북 출신 열린우리당 국회의원 8명은 3월 3일부터 4일까지 양일간 호남권을 방문하여 천안을 선호하는 광주 · 전남 및 전북이 오송역 설치방안을 지지해 줄 것을 요청하였다. 이때 전북은 면담 자체를 꺼리는 분위기로 일부 단체에서는 방문 규탄 성명서를 발표하는 등 강경한 입장을 보였지만 광주와 전남은 노선의 우회 문제로 오송보다는 천안을 선호하지만 조기 착공이 더 큰 목표라는 입장을 보였다.

행정중심 복합도시

헌법재판소의 위헌결정으로 제동이 걸린 후 정부에서는 2005년 7월 21일 "신행정수도 후속대책을 위한 연기공주지역 행성중심복합도시 건설을 위한 특별법"을 마련함으로써 행복도시 건설로 방향을 바꾸어 추진하게 되었고 이에 따라 오송역의 우위논리도 명맥을 유지할 수 있게 되었다.

평가 앞둔 홍보 전략

Target 홍보

천안, 대전, 오송의 3개 지역을 대상으로 한 평가 시기가 다가옴에 따라 그동안 광범위하게 벌여왔던 홍보활동을 지양하고 대상을 세분화하여 타깃을 결정하고 이들만을 대상으로 집중적으로 홍보

활동을 벌이기로 하였다. 먼저 도지사 서한과 함께 오송 관련 홍보물을 평가자로 선택될 가능성이 있는 115개 대학의 교통, 토목, 환경, 경제, 도시공학, 고고학 등 관련 교수 3,486명에게 보내는 한편 전국 여론 계도층 인사 11,998명에게도 우편물을 통한 홍보를 실시하였다.

특히 호남권의 정서를 감안하여 목포—천안—서울 노선보다 오송역을 경유할 때 3분 46초 더 걸리기는 하지만 호남에서도 앞으로 행복도시 왕래는 필수적일 뿐만 아니라 서울이 아닌 타 지역에 갈 때는 오송이 오히려 16~36분이 빠르다는 것을 알리고 오송에 역을 세울 때 연장이 19Km 늘어나지만 승객 수요가 6~20천 명일 많아 교통비의 추가부담이 없을 것이라는 점을 중점적으로 홍보하였다.

평가위원으로 위촉 가능성이 높은 전문가들에게는 총 5차에 걸쳐 개별 방문하여 오송이 갖고 있는 긍정적 요소와 강점을 설명하는 등 조직적으로 홍보활동을 벌였고[2] 개별 홍보가 마무리된 이후에는 문자 메시지 및 E-메일 등으로 오송을 잊지 않도록 지속적으로 노력하였다.

---

2) • 1차 출장(05. 4. 1~16)—5개조 12명 지역분담
  — 대상: 시도별 추천 평가단 예정자 39명(대학교수)
• 2차 출장(4. 18~22)—5개조 10명 지역분담
  — 대상: 평가단 추천 예상 학회 회장 등 임원 47명
• 3차 출장(4. 25~30)—3개조 6명 분담
  — 대상: 평가관련 9개 학회장
• 4차 출장(5. 10.~28)—4개조 8명 지역분담
  — 대상: 평가항목별 전문가 129명
• 5차 출장(6.2~25)—4개조 12명 지역분담
  — 대상: 시도 추천 평가단 예정자 84명

지원기반 확대

정책 결정에 직간접으로 관련된 기관이나 정당과의 관계도 중요한 요소의 하나이므로 도지사가 직접 청와대 관계자를 방문하여 의견을 교환하고2005. 4. 27 열린우리당 당의장 후보 8명의 기자 간담회3. 29, 당시 한나라당 박근혜 대표 호남권 기자 간담회3. 29, 당시 열린우리당 문희상 의장 초청 간담회4. 12, 오송관련 총리공관 당정간담회5. 19 등 각종 회동에서는 오송의 당위성이 끊임없이 피력되었다.

중앙에서는 한나라당 중앙청년위원회 오송 유치 결의문이 채택되고4. 28 충북에서는 도내 민간 사회단체와 리 · 통장까지 4,606명이나 되는 인원을 향해 동참 호소가 이루어졌다. 이와 거의 비슷한 시기에 광주 전남에서는 시도민 대규모 집회가 열렸고5. 23, 충남에서는 국회의원 초청 도정 설명회가 이루어졌으며3. 23, 전북에서도 국회의원 초청 도정 현안 설명회가 개최되는3. 28 등 타 지역에서도 호남고속철도 분기역 유치를 위한 활동들이 경쟁적으로 이루어지고 있었다.

6

분기역 예정지 평가

평가단 구성

합의점을 찾지 못해 난항을 거듭하던 평가단 구성 원칙이 2005년 5월 27일 제9차 회의에 이르러서야 확정되었다. 제주를 제외한 15개 시도에서 각기 5개 기본 평가항목별로 2명씩 10명을 선정하여 총 150명을 추천하면 추진위에서는 그 중 75명만을 선정하여 평가단을 구성키로 하였다. 이 과정에서 5차 회의 때의 결정 일부가 번복되자 충남대표가 퇴장하는 일이 발생하기도 했다.

평가항목 결정

평가항목은 다음과 같이 기본 항목 5개, 세부 평가항목 17개로 구성되었다.[3)]

3)

기본 항목	세부 평가항목
1) 국가 및 지역발전효과	① 상위계획과의 연계성 ② 충청권 발전효과

평가작업

평가작업은 총 4주에 걸쳐 이루어졌다.[4] 평가 일자가 확정됨에 따라 BIO산업과 관련하여 계획되었던 도지사의 북미 순방일정6.16~24도 취소하고 타 지역 동향 파악과 막바지 홍보, 게릴라식 홍보 대화, 개별 전화 및 자료 송부 등 온 행정력을 집중시켰다. 한편 6월 29일 호남권의 3개 시 · 도지사들은 천안 지지 성명을 발표하고 나섰다.

긴장감이 감도는 상황 속에서 6월 28일부터 30일까지 2박 3일의 합숙평가를 위해 충주시 노은면 소재 건설경영연수원에 총 75명이 등록 입소하였다. 첫날에는 천안, 오송, 대전 3개 후보지를 단체로 이동하며 순조롭게 실사를 마쳤다.

그리나 평가작업이 진행되던 날 밤 11시경 늦은 시간에 호남지역 평가단 15명이 직접 관계없는 강원과 영남의 참여를 이유로 이탈해버리는 일이 발생하였다. 이어서 다음날 오전 충남 평가단 5명 또한 합숙 평가장을 이탈하여 돌아가 버렸다.

---

	③ 호남 등 국가균형발전 효과 ④ 행복도시와의 연계성
2) 교 통 성	① 호남권 등 지역간 이동성 ② 충청권 내에서의 접근성 ③ 국가간선 철도형성 및 연계성
3) 사 업 성	① 경제성(이용 · 편익비, 순형재가치, 내부수익률) ② 재무성(재무적 순형재가치, 재무적 내수수익률, 건설비용 · 유지관리)
4) 환 경 성	① 생태계 ② 수질 ③ 소음/진동 ④ 문화재/경관 ⑤ 토지이용
5) 건설의 용이성	① 선형조건 ② 정거장 입지조건 ③ 시공의 난이도와 기술

4) 6월/제 2 주—평가단 구성을 위한 각 시 · 도 추천 및 인선 확정.
6월/제 3 주—평가지침서 및 자료집 작성.
6월/제 4 주—일반인 대상 설문조사 및 검토.
6월/제 5 주—현지답사와 평가시행 및 결과 발표.

그러나 나머지 평가위원들은 만일 중단한다면 앞으로 상당 기간 분기역 결정은 불가능하여 더 큰 혼란만 가져올 수 있다는 데에 의견을 모으고 이탈 평가자들을 제외한 채 계획대로 평가작업을 진행하였다. 마침내 평가작업이 끝나고 그 결과는 6월 30일 건설교통부가 설치 운영해 오던 분기역 추진위에 이첩되었다.

평가결과 발표

그동안 우여곡절을 겪으며 어려웠던 여러 가지 과정으로부터 평가에 이르기까지 진행상황을 소상히 알고 있는 건설교통부 추병직 장관은 어떠한 경우에도 흔들림 없이 원칙을 고수해 나갈 것이라고 누누이 공언해 왔기에 그 결정에는 누구나 승복할 수밖에 없었다.

발표시간이 몇 차례 연기된 가운데 드디어 2005년 6월 30일 19시 30분. TV를 통해 발표된 결과는 오송이 87.18점으로 대전의 70.19, 천안의 65.94점을 크게 웃돌며 분기역으로 선정된 것이다. 장장 12년 동안 기울인 노력과 끊임없는 투쟁이 결실을 맺는 순간이었다. 불확실한 상황 속에서도 흔들림 없이 목표 하나만을 위해 힘을 합쳐 총력을 기울여 준 충북도민의 승리였다.

오송역 결정이 발표된 직후 가진 기자회견에서

"오송 분기역 유치과정은 태산준령을 수없이 넘어온 장편의 드라마였다. 이제 접근성이 가장 뛰어난 지리적 이점을 살려 세계 속의 충북을 부각시킬 철의 실크로드가 될 것이다"라고 말하면서 호남고속철도 오송 분기역 유치를 끝으로 그동안 충북이 원했던 여러 가지 현안문제는 모두 해결되었다는 생각에 너무나도 감사했다.

7
성공요인

도민들의 공통된 희망사항

과기 개발 축에서 소외되었던 경험을 거울삼아 지역발전에 도움이 될 고속철도역의 유치는 도민들의 공통적인 희망사항이었으므로 12년이란 오랜 기간을 지속적으로 활동할 수 있었다.

열성적인 시민단체

지방자치단체장이나 공무원의 경우 중앙정부의 시책에 반대하는 수단이 제한적일 수밖에 없으나 삭발, 혈서 등을 수반하는 궐기대회나 정부청사의 항의방문, 공청회장 점거와 같이 다중의 물리력 행사는 시민의 이름으로 이루어진 것이다. 다행스럽게도 초기에 충북 시민회장 등 지도급 인사 54명으로 출발한 유치위원회가 오랜 세월에도 지치지 않고 열성적으로 투쟁하면서 도내 각 분야의 시민단체들과 종교계까지 힘을 합쳐 총력전에 나서 준 것이었다.

역할 분담 Network 형성

① 교수, 전문가 집단은 문제의 흐름을 추적하면서 대응논리를 제공해 주었고 특히 정부안의 불합리한 점 분석과 아울러 오송의 강점과 당위성을 개발하여 활용케 하였다. 뿐만 아니라 평가위원으로 선발될 수 있는 교수나 전문가들의 이해 설득에도 기여했다.

② 도의회로부터 시장군수 및 시군의회의원들은 정부 움직임에 반발하면서 주민의 여망을 중앙정부나 정계에 요구하거나 알리는 역할을 충실히 하였고 언론 보도를 통하여 홍보와 아울러 분위기 조성에 기여하였다. 특히 2000년 벽두에 여당 소속 도의원이 집단 탈당하면서 시군의원까지 한자리에 모여 투쟁에 나섬으로써 중앙의 관심을 이끌어 내는 데 기여하였다.

③ 지역출신 국회의원을 비롯한 정계 인사들 또한 지역정서를 요로에 알리며 정책반영을 위한 관계 장관 면담이나 토론 기회를 주선하는 등 노력하였다.

④ 신문과 TV를 비롯한 지역 언론은 문제의 제기, 정보의 제공, 해법의 제시, 지역정서의 전달, 활동과 논리의 홍보 등으로 많은 도움이 되었다.

여건의 변화

지방의 노력으로 여건을 변화시키기는 어렵다. 그러나 변화된 여건을 놓치지 않고 활용하면 그것은 운으로 작용한다. 유치운동을 벌인 후 10년 동안이나 관심을 끌지 못했던 오송이 행정수도 입지결정에 따라 탄력을 받게 된 것은 행운이었다.

원칙을 지켜 준 중앙의 책임자

기존의 정책방향을 고집해온 관료들과 연구기관들은 상당한 기간이 경과할 때까지 시계를 넓혀 주지 않았고 지역과 연고가 있는 사람들 또한 넘기 어려운 장벽이었다. 그러나 결정 당시의 장관은 객관적 관점에서 원칙론에 입각하여 결정이 이루어지도록 해 주었다.

모두 힘을 합친 오케스트라

지휘자의 뜻에 따라 모든 단원들이 하모니를 이루며 자기 역할에 최선을 다하는 악단은 명곡을 연주하듯이 도지사를 정점으로 펼쳐 온 12년간의 대장정은 승리로 결론을 맺었다. 중앙과 경쟁지역의 움직임을 파악하여 필요한 대응책을 세우게 하는 한편 중요한 고비에는 직접 뛰어들어 물고를 트고 분야별로 역할을 분담시키며 활동할 수 있는 여건조성과 사기를 높여 주는 것은 지휘자의 일이었다. 12년이란 긴 세월동안 변함없이 150만 도민의 통합된 의지로 목표를 이루어낸 본 사례는 충북 관내에 X축 고속철도가 건설되듯이 도민의 머릿속에도 장애물을 헤치며 미래로 달려가는 고속도로가 건설되었다.

Leadership

6

혁신도시 유치

큰 것을 얻고도 기쁨이 없는 잔치

행정수도 건설과 더불어 참여정부의 균형발전정책의 하나인 공공기관 지방이전 충청권 배제원칙을 극복하고 12개 기관 유치에 성공하지만 지역 내의 위치 선정에서는 갈등을 겪은 사례

* 본 사례의 상세한 내용은 '2006 충청북도 경제통상국 내부자료' 를 참고.

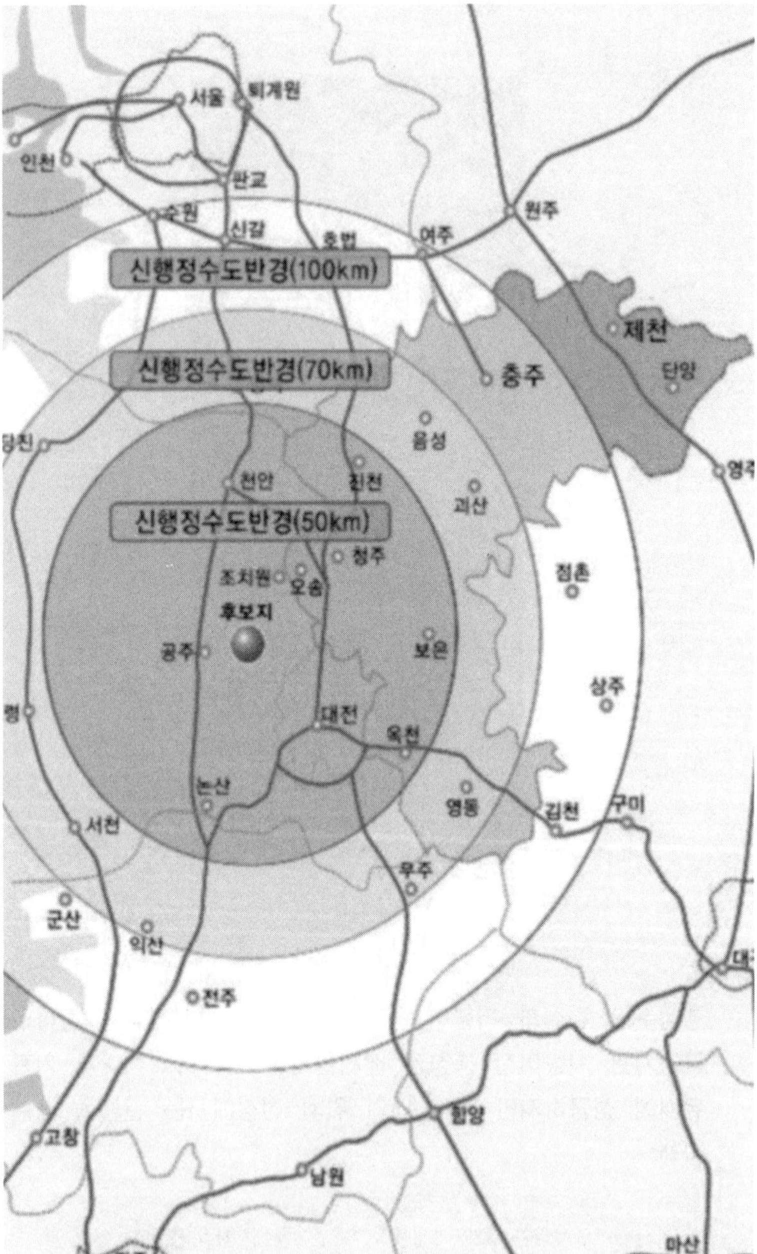
서울
퇴계원
인천
판교
수원
원주
신갈
호법
여주
신행정수도반경(100km)
제천
신행정수도반경(70km)
충주
단양
음성
천안
진천
괴산
신행정수도반경(50km)
청주
조치원
오송
점촌
후보지
공주
보은
상주
대전
옥천
논산
영동
김천
구미
서천
무주
군산
익산
전주
함양
고창
남원
마산
광주

1
혁신도시 개요

참여정부가 추진한 주요 균형발전정책의 하나가 수도권 소재 공공기관을 지방으로 분산시켜 혁신도시를 건설하는 것이었는데 건설교동부의 지침2005. 7. 27은 다음과 같은 내용을 담고 있다:

혁신도시의 건설 목적

수도권 소재 공공기관의 지방 이전으로 지역의 특색 있는 발전과 지역경제 거점을 형성함으로써 수도권과 지방 간의 불균형을 해소하자는 데에 목표를 두었다. 즉 국토의 12%인 수도권에 인구는 절반 가까운 47.2%, 100대 기업 본사의 91%, 공공기관의 85%가 수도권에 집중되어 있어 수도권과 지방 간의 불균형이 심화되어 있기 때문이다.

혁신도시의 개념과 법적 근거

혁신도시란 지방으로 이전해 가는 공공기관 및 산·학·연·관이 협력할 수 있는 여건과 수준 높은 주거·교육·의료·문화 등 정주환경을 갖춘 미래형 도시를 말한다. 법적으로 국가균형발전특별법 18조 및 시행령 15조공공기관 지방이전에 근거를 두고 추진하는 혁신도시 건설을 위해 정부와 12개 시·도지사간2005. 5. 27에 '공공기관 지방이전 기본협약서'가 체결되었고 국무회의 심의 의결2005. 6. 24을 거쳐 '공공기관 지방이전계획'이 확정되어 관보 제16039호로 고시되었다 2005. 7. 11.

개발유형

혁신도시의 개발유형은 두 가지로 나누어지는데 광역시 내의 기존 토지를 이용하는 소규모 도시 내 개발형과 도시외곽지역에 중·대 규모의 신시가지 또는 신도시를 새로이 개발하는 방법인데, 전자는 주로 광역시 등 대도시 지역에서 선호했고, 후자는 각 도가 선호하는 방식이었다.

2

정부의 추진상황과 대응

공공기관 이전 추진방침 발표

혁신도시 건설은 대통령 직속인 균형발전위원회와 건설교통부가 주관하였는데 2003년 6년 12일 제9차 국정과제회의에서 정부의 방침이 발표되었고 국토개발연구원에서 이의 추진을 위한 연구용역을 실시하게 되었다. 당시 정부에서는 '2007년까지는 돌아오지 못할 강을 넘기겠다' 는 의지로 다음과 같이 일정을 잡았다.

— 대상, 시기, 방법, 재원 등 방침 확정2003. 10

— 1차 대상기관은 이전효과 큰 것부터 50~100개 선정2003. 12

— 기관별 이전지역 확정발표2004. 3

— 이전 추진 및 완료2004 하반기~2007

중앙정책 파악과 대응 준비

이에 따라 충북에서도 충북개발연구원에 효율적인 유치방안을 연구케 하면서2003. 7 경제통상국장 등 5명으로 공공기관 유치단을 구성2003. 9하고 36개 기관을 대상으로 유치활동을 전개하였다. 유치단은 대상기관을 순회 방문하면서 신행정수도 입지, 수도권 접근성, 고속교통망 등 지역강점을 홍보하고 이전해 올 때에 제공할 수 있는 인센티브 제시 등 유치활동을 벌였는데 이 시기에는 각 도가 거의 같은 활동을 하게 되었다.

이전 대상기관 규모결정과 유치경쟁

곧이어 정부에서는 수도권에서 지방으로 이전시킬 대상을 정부소속기관, 정부출연기관, 연구소 등 총 245개 기관으로 결정 발표하였다. 그리고 이전 대상기관들은 소관 주무부처와 협의하여 이전계획을 제시하고 각 지방자치단체는 지원책 등을 제시하여 선호하는 기관을 유치토록 하는 경매방식의 지침을 시달하였다. 이러한 방침은 외형상으로는 합리적으로 보이지만 지자체간의 유치경쟁에 불을 붙이고 대상기관의 이전 조건을 복잡하게 함으로써 업무 추진을 더욱 어렵고 복잡하게 만들었다.

3

충청권 배제방침

혁신도시 건설과 충청권 배제방침

건설교통부는 2004년 6월 3일 발표를 통해 이전 대상기관을 180~200개 기관으로 하며 각 시도마다 1~2개 장소에 유사기능을 갖는 6~10개 기관을 함께 이전키로 하되 수도권과 충청권은 제외한다는 것이었다. 수도권인 서울 경기 인천지역은 지역 내에 소재하는 기관들을 이전시켜야 하는 지역이며 충청권인 대전 충북 충남지역은 신행정수도 건설을 위해 입지를 선정 중에 있는 지역이므로 타 지역과의 형평성을 위하여 배제지역으로 결정되었고. 특히 충북에서 이미 추진중인 오송단지는 혁신도시의 모델이므로 새로운 혁신도시를 추가할 필요가 없다는 것이었다.

도내 지역별 정서와 분위기

혁신도시 유치와 관련하여 도내의 각 지역별로도 서로 다른 분위기를 보였다. 본 계획의 근본 목표가 지역균형발전에 있었으므로 이미 충북의 중심지 역할을 하고 있는 청주와 청원지역은 관망 등 소극적인 분위기였으며 음성군과 진천군은 행정수도 후보지의 하나로서 공공기관 유치보다는 토지거래허가지역으로 규제를 받게 된 데 더 큰 관심을 가지고 있었다. 그러나 지역발전이 더딘 충주와 제천지역에서는 공공기관 유치에 강한 집념을 보였고 남부권인 보은, 옥천, 영동지역에서는 지역발전 부진과 소외감 속에서 공공기관 이전에 대한 기대감을 나타내고 있었다.

4

정부의 이전방침 시달회의

혁신도시 건설 업무는 균형발전위원회에 기획단과 건설교통부에 실무지원단을 구성하여 추진하면서 2004년 6월 19일에는 시도지사와 관계 장관들의 연석회의를 열어 공공기관 이전 방침을 시달하였으며 그 내용을 요약하면 다음과 같다.

3대 추진원칙

– 원칙적으로 수도권에 소재한 모든 공공기관을 이전한다.
– 각 부처 책임하에 조기 추진한다.
– 이전기관 직원이 바람직하게 판단토록 종합적 지원 대책을 마련한다.
(우수 교육환경, 주거대책, 배우자 직장 알선, 이사비용 등)

이전기관 선정

총 268개 기관을 대상으로 하되 잠정적으로 180~200개 기관을 이전기관으로 검토한다.

이전방식

① 집단이전: 충북 오송단지를 모델로 하여 특성별로 집단 이전한다.

- 도시규모: 면적 50만 평 정도인구 2만 명 내외
- 공공기관 이전: 6~10개 기관이전 직원 2,000명
- 추정사업비: 4,000억 원, 사업기간: 6년2004~2010

② 개별이전: 기관의 희망과 지역 간 균형을 감안하여 개별 배치한다.

협조 요망사항

이 회의에서는 시도지사들에게 그동안 벌여 온 공공기관 유치 경쟁과 시장, 군수, 구청장들의 유치활동도 자제토록 해 달라는 협조요청이 있었다. 각 지역의 유치경쟁은 이전기관 관련자들의 기대수준만 높여 추진에 어려움을 가중시키고 중앙과 지방의 행정력 낭비와 지역갈등을 유발시키기 때문이었다. 그러나 초기에 이루어진 경매방식의 유치경쟁과 그동안 조성된 분위기로 보아 유치자제 요청은 이미 격식을 갖추는 수준에 불과하게 되었다.

5

충북도의 활동전략 재정비

신행정수도 후보지 확정 발표

2004년 7월 5일 신행정수도 후보지가 충남 연기 · 공주지역의 2,200만 평으로 확정 발표되면서 충북지역의 후보지진천 · 음성는 탈락되었다. 신행정수도 건설에 큰 기대를 걸었던 충북지역 주민들은 상실감을 느끼게 되고 혁신도시에서도 배제된 것에 불만 여론이 일게 되었다.

유치활동의 방향 재정립

행정수도 입지가 결정되기 이전까지는 명분이 약하므로 중앙부처를 상대로 충북지역의 공공기관 이전 배제방침 철회를 요구하는 소극적 활동에 그쳤으나 행정수도 입지가 충남지역으로 결정된 이상 배제 철회명분을 확보하며 적극적 방법으로 선회하였다. 즉 오송 이외의 미래형 혁신도시 건설을 강력히 요구하고, 권역별로 대상기관을 선정하여 중점적으로 유치활동을 전개하며, 시장 · 군수, 국회의원은 물론 지역 언론과 NGO에 이르기까지 도내 역량을 결집하여 유치운동에 나서기로 하였다.

유치활동의 논리적 근거

상대방을 설득하려면 합당한 논리가 반드시 필요하다. 그러므로 다음 두 가지 사유를 들어 충북에도 공공기관의 배분을 요구하고 나섰다.

신행정수도 수혜권을 충청권 전체의 경계로 정하는 것은 모순이다 신행정수도의 영향권은 시도의 경계가 아니라 해당지역과의 거리를 기준으로 삼는 것이 합리적이다. 충북이라 하더라도 북부에 위치한 제천은 신행정수도와 120Km나 떨어져 있어 행정수도와 서울만큼 먼 거리이다. 이보다 훨씬 가까운 70~100km 권역에 있는 상주, 김천, 점촌, 전주, 군산 등은 포함시키고 같은 거리에 있는 충주와 120km 밖의 제천을 배제하는 것은 합당치 않다는 것이었다. 대통령, 각부장관, 시도지사, 주요기관장, 청와대 등 66명이 참여한 국정과제회의시2004. 6. 17 동심원을 그려 거리를 표시한 지도를 제시앞의 그림하며 문제를 제기함으로써 많은 사람들의 공감을 얻게 되었다.

오송단지를 혁신도시로 보아 충북을 배제하는 것은 불합리하다 오송단지는 참여정부 탄생 이전부터 이미 확정되어 추진해 온 사업으로서 근거법령이나 규모, 기능, 목표 등이 완전히 다르기 때문이다. 오송단지를 혁신도시 모델로 삼았다면 수업료를 내듯이 인센티브를 더 주어야 할 것이라고 유머 섞인 주장을 하기도 하였다.

지역 특성에 따른 권역별 중점 유치활동

일단 도내를 3개 권역[1]으로 나누고 지역별 특성과 관계있는 분야의 기관들을 분류한 후 각 시군과 힘을 합하여 유치활동에 들어갔다.

활동 내용

먼저 대책반을 격상시켜 부지사, 부시장, 부군수를 반장으로 하고 시장, 군수 긴급회의를 소집하여 정보공유와 함께 행정력을 집중시켜 유치활동에 임할 것을 지시하고 시군별 활동상황도 수시로 보고토록 하였다.

충청권 배제 철회 활동 충청권 배제방침이 철회되지 않는 한 모든 노력은 의미가 없으므로 이를 위해 다각적인 활동이 이루어졌다.

- 대통령께 지휘보고: 충북이 배제되지 않도록 특별배려를 요청하면서 행정수도 후보지에서 탈락한 충북에 혁신도시를 배정해 줄 것과 도내 낙후지역에는 개별이전 기관을 배치해 줌으로

---

1) • 북부권–도로교통, 정보통신, 환경, 광업 분야
- 충주: 도로공사, 국토연구원, 교통개발연구원, 토지공사 등
- 제천: 정보통신연구원, 정보문화진흥원, 전산원 등
- 단양: 대한광업진흥공사, 대한석탄공사 등

• 중부권–BIO 교육 경제 전기 분야
- 청주: 공무원연금관리공단, 한국과학기술연구원 등
- 청원: 국민건강보험공단, 연금관리공단, 교육개발원 등
- 진천 · 음성 : 산업연구원, 한국마사회, 국가대표선수촌 등
- 괴산: 한국전력공사, 한국수력원자력 등
- 증평: 원예연구소, 농업공학연구소, 농촌자원개발연구소 등

• 남부권–관광, 산림, 농업, 문화예술 분야
- 보은: 한국관광공사, 국립산림과학원 등
- 옥천: 농업과학기술원, 농산물품질관리원, 종자관리소 등
- 영동: 농산물유통공사, 국립국악원 등

써 균형발전을 이룰 수 있도록 건의,

- 균형발전위원회와 건설교통부 등 관계기관을 수시로 방문하며 설득, 건의, 대화, 자료제출 등 지속적인 활동 전개,
- 지역 출신 국회의원들도 상임위별로 해당부처를 분담하여 유치노력을 계속하였고 지방의회, 지역언론, NGO들도 힘을 더해 주었다.
- 배제 철회운동: 특히 공공기관 유치에 열의를 가진 충주 제천 등 북부지역 중심의 배제 철회운동이 가열되었다. 낙후지역에서 벗어나야겠다는 의지가 커진 주민들은 지역별 결의대회, 서명운동, 삭발, 혈서, 촛불집회 등을 열면서 배제철회운동을 벌였다. 그중 특이한 것은 제천시 공대위 60명은 도청을 방문하여 제천 시민 1만 명의 서명부를 전달2004. 8. 19해 왔고 충주시 공대위 2,000여 명은 서울까지 진출하여 광화문에서 배제철회 집회 및 지부상소持斧上訴, 2004. 8. 24로 언론의 주목을 받기도 했다.

이전기관 방문 이와 같이 중앙정부를 상대로 배제 철회운동을 벌이는 한편 각 시군에서는 권역별로 분류된 공공기관을 방문하여 지역의 장점과 이전해 올 경우 제공할 수 있는 인센티브 등을 설명하는 등 유치 활동을 계속하였다.

현실상황과 분위기 강온 양면작전에도 불구하고 공공기관 이전 배제에 대한 정부방침은 불변이나 충북지역에 대한 상황인식은 고심을 거듭하며 조금씩 변화해 갔다. 지방으로 이전해 가야할 대상기관들은 수도권에서 가까운 충북지역을 선호하는 경향이 두드러지게 나타났고 기관별로 각기 인맥, 친지 등을 정보와 대화의 통로로 활용하면서 유치에 대한 기대심리가 증폭되어 갔다.

6

충북 혁신도시 배분 결정

충북지역 배제방침 철회

2004년 6월 초에 발표되었던 배제 방침은 약 3개월 동안의 복잡한 과정을 거친 후 내용이 수정되어 발표되었다. 2004년 8월 31일 정부에서는 "신 수도권 발전 및 혁신도시 건설방안" 발표를 통하여 11개 광역시 · 도에 각 1개소씩의 혁신도시를 건설하되 수도권서울, 인천, 경기과 대전, 충남 등 5개 시도만 제외시킴으로써 충북은 극적으로 혁신도시 배제지역에서 벗어나게 되었다.

총리 주재 시 · 도지사 회의

다음 해 3월 30일 총리 주재로 시도지사 초청간담회를 열고 그동안 정부측 추진현황과 방침을 설명한 후 토의시간을 가졌다. 정부 방침은 11개 시 · 도에 공공기관을 배치하되 대규모기관 1개소씩을 포함시키고 시도별로 평균 10여 개 기관을 배분하여 직원 수 2,000~3,000명 수준을 유지함으로써 규모의 조화를 이루게 한다는 것이었다. 뿐만 아니라 지역 간 불균형 해소를 위해 개별 이전기관도 배치토록 하여 소외지역도 배려할 수 있게 하였다. 이 자리에서는 의견교환 및 시도별 건의가 있은 후 상생발전, 공동협력, 정치논리 배제 등에 합의하였다.

중앙정부와 시 · 도간 기본협약 체결

시간이 흐를수록 공공기관 유치를 둘러싸고 각 시도간의 각축과 갈등이 심화되면서 이전기관들 또한 미묘한 분위기로 복잡한 양상을 들어내자 2005년 5월 27일에는 총리공관에서 건교부, 행자부, 산자부, 기획예산처 장관 및 균형발전위원장과 시 · 도지사가 회동하여 다음과 같은 요지의 기본협약이 체결되었다.

– 시도 내의 배정은 집단이전을 기본으로 하고, 지역의 특성과 이전기관의 특수성을 고려하여 개별이전도 허용한다.
– 입지결정에 대하여는 정부가 원칙과 기준을 제시하고 시도지사가 이전기관의 의견을 수렴하여 정부와 협의하여 결정한다.
– 배분결과에 대해 지역 간 갈등을 방지하고 중앙과 지방이 협력한다.
– 단, 각 시도가 가장 선호하는 한국전력이 배치되는 지역에는 기관수를 축소 배정하거나 당시 집단민원 대상이었던 방폐장과 연계하여 추진한다.

시도별 이전기관 발표

중앙정부와 시도간의 협약체결 이후 약 1개월간의 조정 작업을 거쳐 지역별 이전기관이 확정 발표2005. 6. 24 되었고 배제대상에서 벗어난 충북에는 12개 기관[2)]이 배정 발표되었다.

명분을 위해 단합, 이익을 위해 분열

동물의 왕국이란 TV 프로그램에서 동물들이 힘을 합쳐 사냥한 먹잇감을 놓고 으르렁거리는 장면을 가끔 볼 수 있는데 그것은 인간사회에서도 일어날 수 있는 속성의 한 단면이기도 하다. 충청권 배제방침 철회 요구와 바람직한 공공기관의 배정을 위해 도내 전역이 한마음 한뜻으로 단합하고 힘을 더했지만 결과물의 차지를 향해 갈등이 증폭되어 갔다.

기관 및 지역별 입장의 변화

12개 공공기관으로 배정이 확정되자 이제는 각 기관간의 생각이 상충되면서 입장의 변화가 나타나기 시작하였다. 총론 부문에서

---

2) ① 정보통신기능군(3)
- 정보통신정책연구원, 한국소프트웨어진흥원, 한국인터넷진흥원

② 인력개발기능군(5)
- 한국교육개발원, 한국교육과정평가원, 법무연수원
- 중앙공무원교육원, 한국노동교육원

③ 산업관련기관(4)
- 한국가스안전공사, 한국소비자보호원
- 기술표준원, 한국과학기술기획평가원

* 발표 직전까지 계속 변화

는 단합하여 문제를 해결하여 왔으나 이익이 배분되는 각론 단계에서는 입장을 달리하는 것이었다.

중앙정부 낙후지역의 균형발전에 전체 무게를 실었던 당초 분위기와 달리 이전기관들의 의견을 존중함으로써 장애요인을 줄이고 가급적 신속하게 추진하는 방향으로 무게중심이 이동되었다.

직원 입장 이전 기관의 직원들은 생활근거지를 떠나 지방으로 이전하는 자체가 부담스러울 수밖에 없으므로 신속한 추진과는 무관한 입장이었다. 사실 수도권에 근거를 두고 있는 자녀교육, 주거, 경제, 교통, 가족취업, 의료문화 등 모든 면에서 지방으로의 이전 자체가 위협으로 느껴질 수도 있는 일이었다. 그러므로 지역 배정 이전까지만 해도 서울에서 가장 가까운 원주나 충북을 선호하는 경향이 두드러졌다. 그러나 일단 근거리인 충북에 배정된 이후에는 불편이 예상되는 낙후지역보다 청주와 같이 이미 개발된 큰 도시를 강력히 선호하고 나섰다.

도내 시 · 군별 입장

- 충주 · 제천: 가장 강도 높은 활동으로 우리가 쟁취하였으니 당연히 우리 지역에 배치해야 한다는 당위론.
- 남부 3군: 혁신도시 취지가 낙후지역의 발전에 있으므로 도내에서 가장 개발이 뒤쳐진 우리 군에 배치해야 한다는 균형발전론.
- 청주 · 청원: 직원들이 이전해 오기를 희망하는 우리 지역이 최적지라는 현실적 대안론.

기타지역 희망은 하나 타 지역의 명분과 세 싸움의 분위기를 관망하는 등 지역별로 복잡한 양상이 전개되었다.

충청북도의 입장 사면초가

배제원칙을 뒤집으며 공공기관 유치엔 일단 성공하였으나 배치국면에서는 사면초가에 직면하게 되었다. 총론과 각론은 완전히 질을 달리하였다.

- 12개 이전기관의 노조대표들은 청주 · 청원권을 주장하며 도지사 고향인 제천 이전을 위해 미리 정해 놓은 각본이라 공격의 수위를 높여 갔고,
- 중앙정부는 공공기관의 반대로 이전작업이 난항에 봉착할 것을 우려하며 노조 편향적 입장을 보였다. 균형발전위원장과 건교부장관이 주선한 간담회11.9에서는 12명의 이전기관 대표들로부터 노지사는 집중 공세를 받으면서 충청북도와 이전기관 간 장외논쟁 중단, 청주 · 청원 배제원칙 주장 중단, 실무자 협의회 구성도 3, 노조 2, 기관 3 등을 합의하였다.
- 청주 · 청원 지역에서는 도지사가 유권자 절반 이상의 중심지역을 외면하고 고향인 제천만을 두둔한다고 공격하였고,
- 충주시에서는 시민들이 광화문까지 올라가 지부상소로 쟁취한 것인데 도지사는 그 뜻을 알아야 한다고 충주에서 청주까지 3보 1배 운동으로 압박을 가해 왔다.
- 제천시에서는 행정수도로부터 120Km나 떨어진 제천 때문에 배제원칙을 철회한 것인데 타 지역을 논하는 것은 어불성설임에도 결정을 내리지 못하는 고향까지 외면하는 나약한 지사라고 비난의 수위를 높여갔다.

중앙지침과 도방침의 상충

도의 입장은 참으로 진퇴양난에 처하게 되었다. 도내 각 지역별 주장도 무시하기 어렵지만 노조의 요구를 들어주면 지역 간 격차를 더욱 크게 하여 균형발전정책에 역행하는 결과가 되고 균형발전 목표를 위해 북부나 남부로 혁신도시를 정하고자 하면 이전기관의 반대로 입지선정조차 이루어지지 않을 것이기 때문이다. 이러한 분위기 속에서 각 시군에서는 도지사가 결정권을 행사하는 것으로 판단하고 목소리를 높여가고 있었지만 중앙정부에서는 시도지사가 좌지우지할 수 없도록 위원회를 구성하여 결정토록 지침을 시달해 왔다.

입지선정위원회 구성 중앙의 지침에 따르면 입지선정위원회를 구성하여 혁신도시 후보지를 선정하되 위원은 학식과 경험이 풍부한 20인 이내를 도지사가 위촉하게 하였다. 위원은 특정지역에 편향되지 않은 전문가 10명은 도지사가 추천할 수 있지만 나머지 10명은 이전기관 협의회가 추천케 하여 사실상 노조측의 요구를 뒷받침함으로써 절반 위원의 위촉은 형식적인 것이었다. 이에 더하여 중앙정부의 지침은 위원회에서 정부지침에 따라 평가 세부기준을 작성하고 평가 전에 후보지에 대해 이전기관과 정부의 의견을 청취해야 하며 평가 후에도 확정 전에 정부와 협의하여 결정하도록 요구하였다. 이러한 지침은 사실상 이전기관 측의 의견을 수용하라는 지시와 다를 바 없는 지침인데 이것은 노조가 반대하면 기관 이전 자체가 무산될 수 있다는 위기의식을 느낌으로써 당초 목적인 균형발전보다도 조속한 이전이라는 외형적 성과에 경도되었던 것으로 생각되었다.

상충되는 도의 입장

• 청주 · 청원 배제 원칙: 이전 기관들은 청주 · 청원권을 강하게

요구하고 있었으나 도의 일관된 기본 입장은 청주·청원권 배제원칙을 고수하여 도내 균형발전에 기여코자 하는 것이었다. 본래 혁신도시 사업은 수도권의 집중을 지방으로 분산시켜 균형발전을 이루자는 것인데 충북의 경우 청주·청원 지역에 전체 인구의 51%인 77만 명의 주민과 지역 경제력의 대부분이 집중되어 있을 뿐만 아니라 혁신도시 모델이 된 오송단지가 이미 조성공사 중에 있음에도 불구하고 혁신도시를 이곳에 건설한다면 지역 격차를 더욱 심화시키는 결과가 되기 때문이다.

- 분산 배치 원칙: 이전기관들을 배치함에 있어 대체로 광역시에서는 도시 내 또는 신시가지형 등 단일지구를 원하나 낙후지역이 많은 도 단위에서는 신도시개발과 분산배치를 선호하는 곳이 다수 있어 정부에서는 집단이전을 기본으로 하고 특성에 따라 개별이전도 허용토록 하였었다. 그러나 후기로 오면서 도시 규모와 개발비용 등의 사유로 정부에서는 분산배치를 인정하려 하지 않았다. 그러나 충북의 특성상 낙후되어 있는 북부지역과 남부지역의 균형발전을 위하여 분산배치는 양보하기 어려운 과제였다.

7

입지선정 작업

어려운 과정을 거쳐 유치한 12개 공공기관의 배치는 안팎으로 협공을 받으며 내우외환이 겹치는 형국이 되어버렸다. 중앙정부나 이전기관의 요구를 그대로 따를 수도 없고 도의 의지대로 진행시킬 수도 없었다. 일이 이토록 어렵고 복잡해질 때에는 원칙에 충실하면서 단순화시켜야 한다. 편법을 쓰거나 여러 가지를 다 취하려면 일은 점점 더 어려워지는 법이기 때문이다. 최선만이 아니라 차선 또는 차차선이라도 해결의 길을 찾아야 할 때가 있다.

분위기 조율

혁신도시 자문단 구성

균형발전을 위해 유치해 온 공공기관이 오히려 지역 간의 대립과 분열을 일으키고 도민통합에 위협요인으로 치닫고 있었다. 그러므로 입지선정 작업 이전에 도내의 갈등을 완화시키고 대승적 차원의 협력 분위기를 만드는 것이 급선무였다. 이를 위해 각 시군의 지역별 원로와 단체 지도자 등 민간대표 27명으로 혁신도시 자문단을 구성하고 총 7회의 전체회의를 열어 자문 및 의견을 수렴한 후에 도민 모두가 입지선정 결과를 수용하며 도민화합에 노력할 것을 다짐하였다.

기관간 협약체결

아울러 각 시군에 주민의 기대심리를 자극하는 유치활동을 자제토록 지시2005. 6. 30하고 도와 시군간 기본협약 체결2005. 8. 5로 사태의 증폭을 줄여 나갔다. 또한 중앙정부와 충청북도와 이전기관 간의 이행 기본협약이 충북도청 회의실에서 체결2005. 8. 16되었는데 중앙에서는 재경, 국무조정, 정통, 중앙인사, 법무, 노동, 산자, 과기부 등 8개 부처 장관과 12개 공공기관 대표간사기관 소프트웨어진흥원가 함께 참석하였다.

평가 대상 후보지 제안

전개되는 제반 상황과 여건에 비추어볼 때 당초의 취지대로 낙후지역의 균형발전에만 초점을 맞추어 혁신도시 위치를 결정하는 것은 불가능에 가까웠다. 그러므로 제로 베이스로 돌아가 원론적인 방법을 택하기로 하되 다만 청주 · 청원 배제방침은 고수키로 하였다. 이전기관이나 지역 일부에서 반발이 지속되었지만 부익부 빈익빈의 결과를 막아야 한다는 강한 의지로 관철시켜 나갔다.

후보지 제안 지시

청주 · 청원을 배제한 나머지 시군에 혁신도시를 희망한다면 후보지를 제안하도록 다음과 같은 지침을 시달하였다.

- 도청을 중심으로 반경 20km 밖에 위치한 시군일 것.
- 인근 자치단체간 공동으로 제안하는 방법도 가능함.
- 다음과 같은 지역은 제외할 것: 자연공원, 상수원보호구역 및 수질보전특별대책지역, 수변구역, 조수보호구역, 군사시설보호구역, 백두대간관리지역.
- 규모 200만 평 이상의 독립신도시 또는 신시가지형으로 개발 가능할 것.

후보지 제안 접수-9개 지역(2005. 12. 20)

시달된 지침에 따라 각 시군으로부터 후보지가 제출2005. 12. 20 되었는데 진천과 음성, 보은과 옥천, 충주와 괴산에서 3개소를 공동 제출하였고 충주, 제천, 증평, 괴산군, 단양, 영동에서 6개소를 단독 제출하여 모두 9개소의 후보지가 제안되어 왔다.

입지선정위원회 활동

위원회 운영

도 추천 10명, 이전기관 추천 10명으로 구성된 입지선정위원회는 처음부터 난조를 보였다. 전체 회의는 정족수 미달로 중요사항 합의도 이루어지지 않으면서 업무는 답보상태에 빠졌다. 연말이 얼마 남지 않은 시점에서 더 이상 지체할 시간도 없으려니와 더 이상 물러날 수도 없었다. 그리하여 제9차 위원회에서는 비상체제 가동 등 다

음과 같이 중대 사항을 결정 발표2005. 12. 12하기에 이르렀다:

- 의결정족수를 하향조정하여 과반수 출석과 과반수 찬성으로 의결하며,
- 실무위원회에서 평가기준 등 작성하여 전체회의 상정하겠다는 것과,
- 평가기준과 향후 추진일정, 위원 명단을 외부에 공개하겠다는 것이었다.

이것은 의도적이든 아니든 불참하는 위원들은 제쳐놓고 도지사가 추천한 10명의 위원만으로도 업무를 추진하겠다는 강한 메시지였다. 이에 따라 곧 이어 위원회가 정상화됨으로써

- 전체회의를 개최하여 입지선정 원칙과 평가기준을 확정하고12. 15,
- 후보지 제안지침과 추진일정을 발표하였고12. 16,
- 후보지제안을 접수 마감함으로써12. 20 작업은 신속하게 진행되었다.

평가작업 실시(12. 22~23)

각 시군에서 제출한 후보지를 대상으로 서면 및 현장조사를 실시하며 평가작업에 들어갔다. 1박 2일 동안12. 22~23 실시한 평가작업에는 입지선정위원회 20명이 전원 참석하여 9개 후보지를 평가하였으며 편차오류 방지를 위해 1순위를 중시하는 올림픽 메달방식을 채

택하였다. 이 과정에서 도심에서 가까운 일부 지역은 노조와 이면 접촉을 벌이면서 유치 성공을 확신하여 환영 행사까지 준비했다가 무산된 사례도 발생하였다.

8

입지선정 평가 및 계획 발표

입지선정 평가결과 발표

우여곡절을 겪으며 진행되어 온 혁신도시 건설의 입지선정 작업 또한 어려움을 겪으면서도 크리스마스를 앞둔 12월 23일 저녁 늦은 시간에 마칠 수 있었다. 충북대 교수인 조수종 위원장이 평가결과와 함께 분산배치 의견을 함께 건의해 왔다.

평가결과

— 1순위: 진천군 덕산 · 음성군 맹동 지구2개 군 공동 제안지

— 2순위: 제천시 청전 · 신월동 일원

— 3순위: 충주시 주덕 · 이류 · 가금면 일원

평가위원회 건의

중앙정부에서는 혁신도시 내 집중배치를 희망하지만 도내의

균형발전을 위하여 일부기관의 분산배치를 건의하였다. 즉 1순위인 진천 · 음성에 혁신도시를 배치하고 3순위인 충주지역은 기업도시 유치지역이므로 2순위인 제천과 낙후된 남부 보은지역에 일부 기능군을 배치함으로써 도내의 균형발전을 이룩하자는 것이었다.

혁신도시 건설계획

위원회의 평가결과와 건의를 기초로 충청북도의 균형발전을 전제로 한 혁신도시 건설 기본계획이 결정 발표되었다.

진천 · 음성지역에 혁신도시 건설

1순위로 평가된 진천 · 음성지역에 12개 기관 중 9개 기관을 배치한다. 이곳은 수도권과 행복도시의 중간지점으로 가장 편리한 위치이며 3개 고속도로가 교차하면서 청주 국제공항, 국도 등 교통 인프라도 우수하다. 또한 청주권 인근에 위치하여 기존의 교육, 정주, 스포츠 레저시설 활용에 편리하며 새로이 조성되고 있는 IT, BT 단지와 연계하여 새로운 성장거점이 가능한 지역이기도 하다.

제천지역에 연수타운 건설

경관 수려한 청풍호반의 연수시설과 연계시켜 단지화하면 환경도 빼어날 뿐만 아니라 중앙고속도로, 중부내륙고속도로, 동서고속도로건설중 등 접근성이 우수하므로 한국노동교육원, 법무연수원, 중앙공무원교육원의 3개 연수기관 분산 배치키로 한다.

보은지역에 도 단위 기관 이전

도내에서 가장 낙후된 보은지역에 농업기술원, 축산위생연구소 등 도단위 산하기관을 이전하고 남부 3군에 바이오 농산업단지를 조성한다.

후발지역 대책

낙후도 평가에서 후발지역으로 판단된 하위 7개 시군에 대하여는 균형발전 전략사업비 1,000억 원을 별도 지원한다.

본 전략사업비는 2006년부터 향후 5년간 지원하며 향후 발생할 이전기관들이 납부하는 지방세로 기금을 조성하고 균특재원, 특별교부세 등으로 낙후지역을 우선 지원키로 하였다.

계획발표에 대한 주요 동향

중앙정부

경남이나 강원에서 분산배치를 발표하였을 때는 강한 반대의사를 밝혔으나 충북의 경우에는 특별한 의사표시가 없었다. 추진과정을 잘 아는 균형발전위원회 관계자들은 충북의 입장을 이해하는 분위기였으며 건교부에서는 지역갈등 해소 차원에서 개별이전방식으로 인정하자는 묵시적 의사를 가지고 있었다.

시 · 군지역

결과에 대해 대체적으로 수용하는 경향을 보이면서 지역갈등이 봉합되는 단계로 접어들었다.

이전기관

진천 · 음성지역이 선정된 것을 차선으로 받아들이면서 이곳에 이전해 올 9개 기관과 노조는 대체로 수용하는 분위기였지만 제천으로 분산 발표된 3개 연수원은 반대의사를 표명하는 등 문제점이 남아 있었다.

지역 언론

지역 내의 신문 TV 등 언론들은 별 논평 없이 사실보도를 해주었다.

기타 사항

계획발표와 더불어 일어날 수 있는 부동산 투기 및 난개발 방지를 위한 조치와 더불어 도민들에게 입지선정 결과와 도내의 균형 발전을 위한 시책내용을 설명하고 대승적 차원의 협조와 화합 당부하는 도지사 담화문을 발표하였다.

9

평 가

순수한 목표, 복잡한 현실

참여정부가 국토의 균형발전을 위해 과밀한 수도권의 기능과 시설 일부를 지방으로 이전시키겠다는 계획은 당위성이 있고 논리적으로도 타당하다. 그러나 이 계획과 이해관계가 있는 각 요소들은 결코 단순하지 않으며 복합적으로 작용하면서 지연, 변질, 왜곡, 방해 등의 부정적 영향을 미치는 경우가 많이 나타났다. 한 기관이 이전하면 먼저 나가는 지역과 들어가는 지역의 이해가 상반되고 이전지역은 인근지역을 자극한다. 또한 기관은 사람들의 생활터전이므로 경제, 교육, 취업, 생활, 문화, 정서 등 생활 전반에 직접 영향을 미친다. 이토록 복잡한 현실상황을 단순하게 보고 논리적으로 접근했던 초기 참여정부의 계획은 결국 각 시도의 과도한 경쟁과 갈등, 이전기관과 구성원들의 거센 반발로 어려움을 겪으면서 지연과 변화 등의 과정을 거쳐야만 되었다.

당초 균형발전 목표 미달

행정수도에서 멀리 떨어진 낙후지역에 혁신도시를 배치함으로써 균형발전을 이루자는 것이 당초의 기대요 목표였다. 그러나 상대기관의 현실적 요구와 타협함으로써 도청소재지에서 50km 반경 밖으로 보내려던 당초 원칙도 실종되어 버렸다.

일부지역의 상실감

충주, 제천, 단양의 북부 3군과 보은, 옥천, 영동의 남부 3군은 낙후지역에서 벗어날 수 있다는 기대가 상실감으로 바뀌었다. 특히 주민들이 단합하여 유치운동을 벌였던 충주와 제천의 실망은 더욱 컸다. 12개 기관이 도내로 이전해 오는 크나큰 경사임에도 기뻐하는 사람들은 일부일 뿐 대부분이 정부를 비판하고 도지사를 원망하며 지역 간의 골을 깊게 하였다. 정성을 다해 마련한 축복의 잔치가 감사와 기쁨이 없는 잔치가 되고 말았다.

실행 불투명한 연수기관 분산

한국노동교육원, 법무연수원, 중앙공무원교육원의 3개 연수기관을 제천으로 분산배치토록 하였으나 이전하기를 반대하고 있어 추진이 불투명한 상태가 되었다.

혁신도시 건설을 통하여 지역간 격차를 줄이고 균형발전을 이루겠다는 아름다운 목표는 진행과정에서 여러 가지 문제를 만나면서 모습이 바뀌고 지연되면서 지역간, 기관간 갈등을 일으키며 많은 부작용을 일으켰다. 기대와 감사가 원망과 실망으로 변질되기도 하였다.

Leadership

7

청남대 개방

대통령이 푼 고르디아스 매듭

대통령 별장인 청남대가 주민들의 불편을 가중시키고 지역발전을 가로막는다 하여 이의 철폐와 개방을 요구하는 집단민원이 20여 년 계속 되었고 참여정부 출범과 더불어 노무현 전 대통령의 직접 결단으로 해결한 사례

* 본 사례의 상세한 내용은 '2006 충청북도 자치행정국 내부자료' 를 참고.

1
쟁점: 청남대와 주변지역과의 관계

청남대는 대청호반의 산수가 어우러져 수려한 장관을 이루고 있지만 개방되기까지 20년간 문의면 주민들에게는 원성과 투쟁의 대상지가 되어 버렸다. 문의면은 32개의 리 · 동22개 법정 리 · 동으로 면적은 93.19km²이며, 총 1,945세대, 5,817명의 인구가 살고 있었다.

대청댐이 준공된 이후 이곳의 94%가 상수원보호구역으로 지정됨에 따라 주민들은 각종 규제로 인한 생업활동의 지장과 안개일수 증가 등으로 인해 농작물 부실 등 상당한 제약과 피해를 입게 되었다.

주민들의 이와 같은 피해 사항을 감안하여 정부에서는 지역경제 활성화의 일환으로 내수면 이용계획을 추진하게 되었고 1980년 2월 8일에는 국민관광휴양지 지정 신청, 1982년 12월 2일에는 국민관광지 지정을 위한 국토이용계획 변경 신청 등이 이루어짐으로써 주민들에게는 기대와 희망을 주게 되었다.

그러나 1983년 청남대가 건설되면서 주민들이 큰 기대를 걸었던 국민관광휴양지 지정이 취소되고, 뒤이어 1989년에는 문의면 전역이 청정지역으로 지정 고시되었으며 이듬해 1990년에는 수질보전 특별대책지역으로까지 강화됨으로써 규제와 피해는 더욱 가중될 수밖에 없었다. 그러므로 대통령 별장이 우리 고장에 위치했다는 긍지보다 생업활동의 제약과 지역 발전에 대한 실망감 등으로 큰 피해의식을 갖게 된 것이다.

대통령 별장 청남대 현황

'남쪽에 있는 청와대'라는 의미를 가진 청남대는 충청북도 청원군 문의면 신대리의 한 자락에 위치하고 있으며 본관, 경호원 숙소, 골프장(6홀), 수영장, 낚시터, 테니스장, 헬기장, 초가정, 산책길, 조깅코스, 선착장 등의 시설을 갖춘 55만 평 크기의 대통령 별장이다.

이곳은 옛부터 풍광이 아름답기로 유명한 곳으로 알려져 있으며 고려 초기 일륜대사는 '천년 뒤 물로 인한 새 터전과 성소가 마련될 것이다'라고 했고 원효대사는 '천년 후 산 아래 새 호수가 생기고 용이 승천하듯 이 지역이 중심지가 될 것이다'라고 했다는 일화가 내려오고 있는 곳이다.

청남대가 자리한 문의면 옆의 현도면 하석리에는 금강 본류를 가로지르는 대청댐이 있다. 우리나라에서 3번째로 큰 규모인 대청댐은 1975년 착공되어 1980년 준공되었는데 전두환 대통령이 준공식 참석차 이곳에 들렀다가 주변의 아름다움을 보고 "이런 곳에 별장 하나 있었으면 좋겠다"는 말이 청남대 건설의 계기가 된 것이다.

전두환 대통령의 뜻에 따라 1983년 6월 첫 삽을 뜬 공사는 장세동 경호실장의 주도하에서 불과 6개월만인 1983년 12월에 완공되었다. 그 당시 관계자들이 '초배를 하면 토치램프로 말리면서 벽지로 도배'를 하고 '공사감독이 잠시 졸고 나와 보니 헬기장 잔디가 다 깔렸더라'며 회상하는 것을 볼 때 공사가 신속하게 이루어졌음을 짐작할 수 있다.

이곳의 명칭이 처음부터 '청남대'인 것은 아니었다. 준공 당시는 영춘재(迎春齋)라 부르다가 3년 후 남쪽의 청와대라는 뜻으로 '청남대'라 하였다.

청남대는 1983년 건설된 이후 20여 년간 역대 대통령들의 휴식처이자 국정 구상의 장소로 이용되어 왔다. 5공화국부터 참여 정부까지 총 다섯 분의 대통령이 88회, 400여 일을 이용하였다. 김영삼 대통령이 28회로 가장 많고 노태우 대통령이 25회, 전두환 대통령이 19회, 김대중 대통령이 15회이고 노무현 대통령은 개방행사를 하기 위한 방문으로 단 하룻밤만 청남대를 이용하였다.

2
지역 주민들과의 갈등 상황 전개

1급 보안지역으로 일반인들의 출입이 엄격하게 통제된 청남대는 주민들과 많은 마찰을 겪어오면서 갈등의 양상을 달리하게 되었다.

전두환 대통령 시절: 집단민원 발생(1980. 9~88. 2)

대청댐 건설로 주민들은 고향이 물에 잠기는 아픔을 겪었을 뿐만 아니라 상수도보호구역 지정으로 피해의식을 갖고 있던 차에 청남대가 착공되면서 국민관광지 지정이 취소되고 여러 가지 규제가 강화되자 이에 따른 상실감은 대통령 별장에 대한 원망으로 바뀌면서 집단 민원으로 구체화되었고 시위 등을 통해 반발심을 표출하기에 이르렀다.

노태우 대통령 시절: 소강상태 지속(1988. 2~93. 2)

노태우 대통령 집권 시기에는 집단 민원이 소강상태를 보였다. 노 대통령은 문의면 주민들의 희망사항을 들어 장학회 기금 10억 원을 조성해 주고 주민 숙원사업 해결을 위해 30억 원의 예산을 지원하였으며 직접 이 지역 초등학교를 방문하여 격려와 아울러 컴퓨터 등을 기증해 주는 등 주민들의 목소리에 성의를 보였다. 이와 같은 배려로 주민들의 불만은 수면 밑으로 가라앉으며 소강상태의 양상을 보였다.

김영삼 · 김대중 대통령 시절: 집단민원 재표출 심화 (1993. 2~2003. 2)

문민정부와 국민의정부 시기에는 집단 민원은 더욱 구체화되고 시위활동은 격렬하게 되었다. 이는 아무리 기다린다 해도 지역발전에 대한 희망은 보이지 않고 심화된 규제로 인해 생업활동이 어려워지자 주민들은 규제 철폐 및 생계대책을 요구하고 나섰다. 그러나 규제내용들이 법정사항일 뿐만 아니라 대청댐의 상수원 공급 지역인 대전, 청주 지역 주민의 생활과 관련되어 있으므로 국민관광휴양지 지정이나 상수원보호구역 해제와 같은 주민들의 요구사항은 사실상 해결의 길을 찾을 수 없게 되었다.

이에 따라 일부 종교계 인사와 주민대표 등이 중심이 되어 청남대 철폐 및 수질보전 특별대책 지역의 철회를 요구하며 조직화 집단화되기 시작하였다. 그 후 2001년 2월 5일에는 문의대책추진위원회가 구성되었고, 동년 6월 24일에는 요구사항 관철 촉구대회가 열리는 등 집단시위는 격렬하게 진행되면서 대통령 면담 요구 등 집단민원은 점차 확대되어 갔으며 이에 따라 동년 7월 28일에는 피해대책위원회에 유관기관의 관계자들도 출석하여 합동회의를 해야 되는 상황에 이르렀다.

관계기관 대응책 협의(2001. 1. 12)

문의면 주민들이 중심이 된 집단 시위가 점차 격화되자 청와대 경호실과 충청북도, 청원군, 경찰, 등 관계관 회의를 통해 다음과 같은 대응책을 마련하였다: ① 청남대 철폐 등 과격한 주장이 없도록 공조하여 설득하고 대응할 것, ② 청남대에 주민을 초청하여 관람시킬 것, ③ 무동력 어로구역 확대와 같은 민심 안정대책을 추진하되, 주민의 요구사항 중 가능한 것과 그렇지 않은 것[1)]을 구분하여 실시함으로써 과도한 기대감을 갖지 않도록 할 것 등의 대책이 논의되었지만 작은 예산이나 설득 위주의 대책으로는 문제해결의 근본대책이 될 수도 없으려니와 책임지고 실행에 옮길 수 있는 기관들도 아니었으므

---

1) • 수용 가능한 사항
  - 양성산성 문화유적 복원
  - 상수원보호구역 일부조정
  - 종합 체육시설 조성
  - 표고 재배 시설
  - 배 밀식 재배와 같은 지역 소득사업 등은 해결토록 지원함.

• 불가능한 사업
  - 대청호 위 행운의 다리 건설
  - 동력선 허용 및 어로구역 확대
  - 대청호 내 수상스키, 모터보드, 관광유람선 운행 등은 대부분 상수원보호구역 내 규제사항이기 때문에 법령 개정이나 제도의 변경 없이는 수용 불가.

로 별로 도움이 되지 못하였다.

집단민원 조직화: 대책위원회 확대 개편

이후 문의주민 대책위와, 상류에 위치한 옥천주민 대책위 등 주민대표 이외에 청주경실련, 환경련과 같은 지역 NGO, 종교인, 정치인 등이 가세하여 대청호 문제 대책위원회로 확대 개편되면서 집단민원과 요구사항은 더욱 확대양상을 보였다.[2)]

공동대책위원회 강경 선회

2001년 7월 28일 공동대책위에서는 하계 휴양을 위해 청남대를 방문하는 대통령과의 직접 면담을 요구하면서 성사되지 않을 경우 시위대의 청남대 진입과 대청호 수상을 통한 청남대 진입 등을 결의하고 전 주민 참여하에 대규모 시위를 계획하는 등 조직적이며 강경한 분위기로 선회하였다.

---

2) 이들의 주요 요구사항은 네 가지였다:
① 대청댐 특별법을 제정할 것,
② 피해지역 손실 등 물이용 부담금을 합리적으로 운영할 것,
③ 지방자치단체로 수리권을 이양할 것,
④ 청남대 개방과 관광휴양지 지정 약속을 이행할 것 등이다.

3
해결의 실마리

대통령 비서실장 면담

우선 현지에서는 도나 군, 경찰 관계관들이 주민설득에 나섰으나 별 효과를 거두지 못한 채 사태는 계속 확대되어 가고 있으므로 도지사가 직접 주민대표와의 대화에 나서면서 그동안 계속해 온 물리적 방법을 지양하고 대화를 통한 문제해결 방법을 모색하는 것이 더 효과적이라는 것과 중앙정부와 대화의 통로를 만들어 주겠다고 설득하였다.

주민들의 동의를 얻은 후 한광옥 청와대 비서실장과 대책위원과의 면담을 주선함으로써 청남대를 둘러싼 주민과 정부간 갈등 관계 해결의 실마리를 찾게 되었다. 2001년 7월 30일 청와대에서 이루어진 면담장소에는 비서실장 주재로 정무수석과 담당비서관이 배석하였고 주민대표로는 대책위원장, 지역 군의원, 번영회장 등이 참석하였으며 충북도와 청원군 관계관이 배석하였다.

이 자리에서 대책위원들은 청남대는 경제적 학살로서 주민

대표들은 죽을 각오가 되어있으며 물속으로 청남대를 가려고 했다. 청남대를 자랑스럽게 생각할 수 있도록 상설기구를 마련해서 해결의 길에 나서달라고 요구하였고 대통령 비서실장은 문광부, 건교부, 환경부, 행자부, 기획예산처 등 관계부처들과 협의 조정을 통해 총체적 해결방안을 마련하되 청와대 정무수석과 국무조정실장을 창구로 하여 계속 대화해 나가겠다는 구체적이고 적극적인 답변을 함으로써 청남대를 둘러싼 긴장관계는 일단 고비를 넘겼다.

국무조정실과 관계부처의 노력

면담 시 약속한 바에 따라 국무조정실이 주관한 가운데 관련 부처들과의 협의조정을 거쳐 2001년 9월 19일에는 총 23건의 요구사항 가운데 수용 가능 11건, 일부 수용 5건, 불가 7건으로 정부의 대책을 확정하였고 그 결정사항을 각 부처에 서면으로 지시한 후 그 사본을 대표단에게 전달하였다.[3] 수용될 수 없는 사항도 여럿이 있었지만

---

3) 그 내용은 다음과 같다.

가. 요구 중 전부 또는 일부 수용 가능한 사항

① 문의지역 발전계획 수립
② 문의 문화재단지 확대
③ 문의 체육공원 확대
④ 수상분수대 설치
⑤ 유보택지지 환원
⑥ 고은 삼거리–신탄간 4차선 도로 노선 결정시 협의
⑦ 환경정비구역 지정
⑧ 취수탑 이전
⑨ 미천 2, 3, 5리 도시계획정비
⑩ 일용 시장 내 복지회관 및 화장실 설치
⑪ 상수원보호구역내 오수정화시설 확대
⑫ 물 이용부담금 피해지역 주민 보상

지난날과 달리 정부가 적극적으로 대처하면서 많은 요구들이 받아들여짐으로써 주민들은 이 결정사항을 상당히 호의적으로 받아들였고 집단민원은 일단 해소국면으로 접어들었다.

---

⑬ 문의주민 식수대책
⑭ 친환경 농업직접지불제 확대
⑮ 농업용수 관로 설치
나. 수용 불가능한 사항
① 주민생계 대책
② 대청댐 유휴지 호안공사
③ 청소년 수련활동 수면구역 지정
④ 팔각정 휴게소 소유권 이전
⑤ 청남대 개방
⑥ 대청호 관광특구 지정
⑦ 행운의 다리 설치 등

4

대통령의 결단: 청남대 개방

대통령 후보의 공약과 실천

국무조정실의 결정 사항에서 미수용으로 분류되었던 청남대 개방은 2002년 12월 당시 노무현 대통령 후보가 청남대 개방을 공약으로 발표하면서 탄력을 받기 시작했다. 당시 노무현 후보는 청남대를 폐지하여 국민들이 활용할 수 있게 하고 관리권을 중앙이 아닌 지방자치단체로 이양하겠다고 공약하였다.

청남대는 태어날 때 그랬던 것처럼 대통령 별장으로서 역할을 마치는 데에도 상당히 빠르게 이루어졌다. 취임 이후 열흘도 되지 않은 2003년 3월 6일 대통령 지시로 청남대 소유관리권 이양이 검토되었고, 청남대 개방 실무기획단이 구성되었으며 3월 27일에는 관련 기관의 회의를 통해 청남대 기능폐지 시기2003. 4. 16, 338경비대 병력 철수D+1주일 이내, 소유 관리권 충북도에 이양, 개방에 따른 예산지원 협조국·도비 등 구체적 추진 계획을 수립하는 등 숨가쁘게 진행되었다.

청남대 개방

청남대 개방 및 소유권 이양

취임 벽두에 대통령 지시로 이루어진 청남대 문제는 대통령 별장으로서의 기능을 마감하고 개방행사까지 이르는 데 약 40여 일밖에 걸리지 않았다. 드디어 2003년 4월 18일 청남대 헬기장으로 쓰이던 잔디 광장에서 대통령 내외가 참석한 가운데 청남대 개방행사가 열렸다. 노무현 대통령은 소유권의 상징인 열쇠를 충북도지사에게 넘겨주면서 인사말을 통해 "청남대를 처음 보았기에 선뜻 돌려드린다 했지 진작부터 와 보았더라면 못할 뻔했다"고 할 정도로 아름다운 곳이라고 말하면서 "이곳이 생길 때의 내력이 원성 가운데 만들어졌고 투쟁의 표적이 되어 왔으므로 아무리 필요한 시설이라 하더라도 여러분에게 돌려드리는 것이 맞다고 생각한다"고 청남대 개방 이유를 피력하였다. 이 자리에서 재정경제부장관과 충북도지사 간에 소유 및 관리권 이전 협약서가 체결 교환되었고 관련 재산은 감정가에 따라 충북도가 매수 하되 100억 원 정도의 소요 예산은 국고에서 지원키로 하였다.

청남대 인수 및 개방

이어 청남대 관리 사업소가 설치되고 토지와 건물 모두를 인수하여 이전 등기를 마치게 되었다. 청남대는 일반관광지와 달리 국가 원수가 사용하던 시설이라는 점을 감안하여 2003년 4월 22일부터 7월 15일까지 하루에 천 명씩 입장으로 시험운영 기간을 거쳐 동년 8월 16일부터 일반에게 전면 개방하게 되었다. 그 후 일평균 3천여 명의 방문객이 찾고 있으며 지난날 자랑이자 원망의 대상이었던 청남대는 대통령 별장이라는 점에서 시설 활용에 제한도 있었지만 앞으로 그 역사성을 부각시키며 많은 일화를 담은 아름다운 휴양지로서 거듭나게 될 것이다.

5
평 가

건설 및 관리-권위주의적 방법

주민들로부터 사랑받고 자랑스러워야 할 대통령 별장이 원망을 받으며 집단 민원의 대상이 되었던 것은 불행한 일이었다. 그러나 그것은 지어질 때부터 이미 분란의 가능성을 내포하고 있었다. 주변 환경과 여건, 주민 생활과의 관계 등 연관되는 문제들이 심도 있게 검토되지 않은 채 대통령의 말 한마디에 바로 건설되었기 때문이다. 권위주의적 의사결정 과정에서 주민들의 입장이 예견되는 문제들에 대한 고려가 이루어지지 않았기 때문에 분란과 갈등은 필연적인 결과이기도 하였다.

민원-피동적 소극적 대처

세월이 흐르면서 주변 주민들의 불만이 집단화 세력화되어 가고 있음에도 근본적인 대처 없이 대증요법에만 급급함으로써 문제를 더욱 키워 온 결과가 되었다. 비서실에서는 대통령께 부담을 드리는 상황보고를 가급적 삼갔을 것이고 관련 중앙 부처에서는 직접 부딪치는 일이 아니므로 사태의 심각성이나 해결의 필요성을 크게 느끼지 못했을 것이기 때문이다. 또한 충북도청이나 청원군청, 경찰이나 수자원공사 등 유관기관에서는 현안 문제를 해결할 권한도 없을 뿐만 아니라 주민이익과 지역 발전이라는 과제와 국가원수가 사용하는 시설보호라는 두 가지 과제 사이에서 피동적으로 끌려가면서 오랜 세월을 보내게 되었다.

대통령의 결단–고르디우스의 매듭

다행스럽게도 김대중 정부 말기에 대통령비서실장의 적극적 노력으로 해결의 실마리를 찾기 시작하였으나 참여정부가 출범하면서 대통령의 결단에 따라 청남대 개방이 전격적으로 이루어진 것이다. 오랫동안 풀지 못했던 이 문제를 고르디우스의 매듭을 알렉산더 대왕이 한 칼에 자르듯이 국가원수의 직접적인 의사결정으로 끝내버린 것이다. 그리하여 오랜 기간 동안 해결치 못했던 지방 민원이 해소되었다는 긍정적 평가와 아울러 필수시설인 대통령의 별장이 없어졌다는 아쉬움과 함께 심각한 상태에까지 이르지 않는 한 문제해결에 소극적인 관료조직의 자세 또한 짚어보아야 할 과제이다. 주변지역의 민원도 해결하면서 하나밖에 없는 대통령 별장도 지켜 낼 수 있었으면 좋았을 터인데 하나를 얻고 하나는 잃었으니 절반의 성공일 수밖에 없다.

Leadership

8

중부권 내륙화물기지

올바른 자료의 승리

중앙정부에서 주관하는 중부권 내륙화물기지 입지선정이 부정확한 연구용역 자료를 토대로 이루어지고 있는 것을 지방자치단체가 바로잡아 위치를 변경시킨 사례

* 본 사례의 상세한 내용은 '2006 충청북도 경제통상국 내부자료' 를 참고.

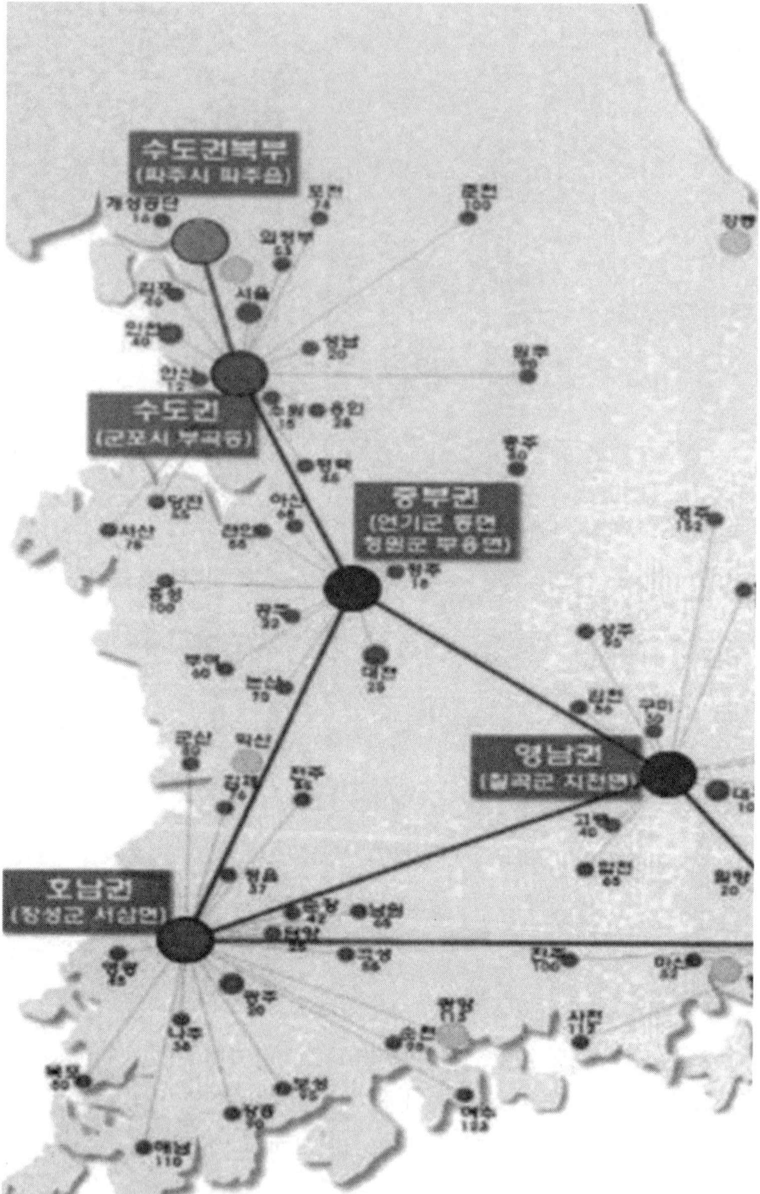
수도권북부
(파주시 파주읍)
수도권
(군포시 부곡동)
중부권
(연기군 동면
청원군 부용면)
영남권
(칠곡군 지천면)
호남권
(장성군 서삼면)

1
기본계획과 위치 선정

화물기지 기본계획

"내륙화물기지"란 화물유통촉진법에 의해 화물의 집하, 하역, 분류, 포장, 보관 및 통관 등에 필요한 시설을 갖춘 화물유통의 중심이 되는 시설이다. 중부권 내륙화물기지는 전국 화물기지망의 하나로 화물유통의 촉진과 물류비 절감을 통해 국민과 기업에 보다 저렴하고 신속 편리한 물류서비스를 제공하기 위하여 추진되었다. 1998년 건설교통부에서는 다음과 같이 전국을 5대 권역[1]으로 나누어 내륙화물기지건설을 추진하였다.

---

1) ① 수도권—군포 화물터미널, 의왕 ICD(Inland Container Depot)
② 부산권—양산 복합화물터미널, 양산 ICD
③ 호남권—장성 복합화물터미널 및 ICD
④ 영남권—칠곡 복합화물터미널 및 ICD
⑤ 중부권—청원 · 연기 복합화물터미널 및 ICD

중부권 내륙화물기지 위치선정

정부에서는 중부권에도 내륙화물기지를 건설하기로 하고 145천 평의 부지 위에 2008억 원을 투자하되 정부에서는 도로, 철도, 상수도 등 기반시설을 조성하고 화물취급장, 배송센터, 컨테이너 작업장 등은 민자로 건설하도록 계획하였다. 이를 위해 건설교통부는 2억 8천만 원의 예산으로 교통개발연구원KOTI에 부지선정을 위한 용역을 의뢰하였고 1999년 3월 11일 그 결과가 발표되었다.

복합화물터미널과 내륙컨테이너기지ICD를 통합한 새로운 중부권 내륙화물기지 후보지로서 1위는 충남 내판지구, 2위는 충남 응암지구, 3위는 충북 갈산지구로 발표됨으로써 충북지역에 화물기지가 건설될 가능성은 사라져버렸다.

2
부당한 연구용역 결과

연구용역의 오류

그러나 충청북도는 정부의 후보지 선정 용역결과에 오류와 부당성이 있음을 발견하고 다음과 같이 관련 자료를 제시하면서 재평가를 요구하였다.

첫째, 충북 후보지를 충남 후보지에 비해 불리하게 평가하였다. 즉, 충북 갈산에 철도를 설치함에 있어 거리를 0.8km를 2.1km로 늘렸을 뿐만 아니라 향후 확장 가능성 및 농지 편입 비율을 불리하게 평가하였다. 또한 공시지가를 산정하는 데 있어서 충남 후보지는 당시 평당 10만 원인데도 불구하고 5만 7천 원으로 평가하였고, 충북 후보지는 평당 5만 원을 7만 원으로 상향 평가함으로써 오류를 범하였다.

둘째, 충남 후보지내판의 불리한 사항을 고려하지 않았다. 충남 내판의 경우 진동과 먼지에 취약한 초정밀 전자수출제품 공장인 삼성전기가 인접해 있기 때문에 내륙화물기지가 건설될 경우 이전이 불가피하였다. 또한 합강지구 농업 광역 용수로가 지구 중앙을 통과함으로써 557ha 농업용수 공급이 불가능할 뿐더러 1998년까지 이미 투자한 118억 원과 내판 지구에 투자한 14억 원의 손실을 입게 되는 것이다.

셋째, 내륙화물기지 건설에 대한 주민의 상반된 지역 정서였다. 충북 갈산지역의 주민들의 경우 평가단 등을 환영하는 행사를 가질 만큼 유치를 적극 희망하였지만, 반대로 충남 내판지역 주민 시위대는 서울로 상경하여 유치를 반대하는 시위를 벌였다1999. 3. 8.[2]

충북지역 후보지의 장점

건교부와 교통개발연구원에서는 충청북도의 계속된 문제 제기에도 불구하고 이를 고려하지 않은 상태로 계속 진행시켜 나갔다. 그러므로 충북에서는 갈산지구의 장점을 구체적으로 정리하고 도청의 간부들과 지역 국회의원 및 언론사들이 한목소리로 충북 갈산 지역의 입지적 우월성을 주장하였다.

① 충북의 갈산지구는 경부선 철도, 경부고속철도, 경부고속도로, 청주국제공항 등 간선교통망과 인접해 있어 접근성과 물류 이동에 매우 유리하다.

② 토지 가격이 저렴하여 보상비 부담이 적고 편입되는 농지도 적어갈산지구 편입농지 3,858m, 내판지구 4,872m 건설이 용이하다.

---

2) – 시위 참여: 200명(피켓, 플래카드, 북, 꽹과리, 메가폰 지참)
– 방문 성토: 교통개발연구원, 국회건교위, 자민련당사, 건교부

③ 인접지역에 취락이나 공장이 없고 구릉지로 이어져 있어 향후 시설확장 시에 어려움이 없다.

④ 갈산지역 내에는 가옥 1동, 철탑 6기, 묘지 100여 기 정도의 지장물이 있을 뿐인 데 비하여 내판지역에는 주요 시설과 큰 공장들이 있고 축사, 조경수 농장, 주유소, 창고, 소지마을, 묘지 120기 등이 있어 장애가 훨씬 많은 지역이다.

3

후보지 재평가 실시

문제점 인식

화물기지 건설 사업은 물류비를 절감시키고 제조업의 대외 경쟁력을 높임과 동시에 지역주민의 취업 및 소득증대에 기여할 수 있다는 큰 장점을 가지고 있는 주요 시설이므로 정확성을 바탕으로 최적의 입지를 선정하여야만 했다. 그러나 시간이 지나면서 충북 측의 주장들이 사실로 입증되면서 2억 8천만 원을 들인 용역 결과가 불완전하다는 비판을 받으며 정당성을 잃게 되었고 결국 재평가가 이루어지게 되었다.

재평가 작업

재평가 작업에 앞서 1999년 3월 31일 연구 용역팀이 현지답사를 실시하였다. 하지만 연구원들은 해당 구역조차 찾지 못해 우왕좌왕하였고, 이를 지켜보던 주민들로부터 탁상에서 후보지를 결정했다는 강력한 항의가 쏟아지자 황급히 현장에서 빠져나갔다. 결국 현지답사는 충청북도가 제공한 헬기로 상공에서 둘러 본 후 귀경하였다. 국가 기반시설을 결정하는 중요한 사안임에도 하청업체의 무책임한 보고서를 검증도 없이 그대로 활용하려 했던 것이 아닌가 추측된다.

이후 1999년 5월 19일에는 정확하고 객관적인 평가를 위하여 건교부, 교통개발연구원, 충북, 충남의 4개 기관에서 두 사람씩 참여하는 검증단을 구성하였다. 검증단은 17개 항목별로 검증 및 현장답사를 통해 분석 평가하였고, 이를 토대로 교통개발연구원이 평점작업을 실시한 결과 가장 낮은 점수를 받았던 충북 갈산지구가 가장 우수한 것으로 평가됨으로써 당초 1위로 평가되었던 내판지구는 완전히 배제되었다. 하지만 충북 갈산지구와 충남 응암지구는 금강 상류인 백천천을 경계로 접해 있는 땅이므로 한단지로 묶어 충북쪽에는 복화화물터미널을 건설하고 충남쪽에는 컨테이너기지를 배치함으로써 공동 건설하는 것으로 결론을 맺었다.

이는 응암지역이 갈산지역보다 불리하나 사업비가 약 25억원 정도 절감되고, 문화재 분포 예상지역을 제외시킬 수 있어 개발기간을 단축시킬 수 있는 장점이 있기 때문이다. 또한 입지선정을 둘러싼 충남북 간의 갈등을 해소시키고 지역균형개발에도 도움이 되리라는 판단에서 공동건설로 계획이 확정되었다.

| 4 |

IMF 외환위기 속의 사업 추진

건설교통부는 2000년 7월 29일과 2001년 6월 25일 두 차례에 걸쳐 건설기본계획을 고시하고 민자사업 신청자를 모집하였으나 IMF의 영향과 정부의 과도한 제시조건이 겹쳐 사업신청자가 나타나지 않았다. 이에 정부는 민간 투자자의 사업성 및 기대수익률을 높여주기 위해 사업계획을 변경하기에 이르렀다.

먼저 외환위기 등으로 물동량 감소를 예측하고 사업부지 규모도 21만 평에서 15만 평으로 축소시키는 한편 건설사업비 역시 3,529억 원에서 2,275억 원으로 축소토록 하였다. 반면, 민자 사업의 수익성은 4.64%에서 5.70%로 격상시키는 등 사업계획을 수정하였다.

기본계획 변경 안을 바탕으로 협의와 심의 등의 절차를 거쳐 2005년 4월 1일에서야 한국복합물류, 보성건설, 금호산업, 토지공사, 우리은행, 천일정기 등 6개 업체가 컨소시엄을 한 중부복합물류주식회사를 중부권 내륙화물기지 시행자로 선정하였다.

최종적으로 중부권 내륙화물기지 건설은 2008년까지 총

2,008억 원민자 1,105억 원, 정부 903억 원을 들여 건설하되 투자자에게 소유권을 완전히 인정하는 BOOBuild-Own-Operate방식으로 추진토록 하였으며 취득세와 등록세 전액감면, 재산세와 종토세 5년간 50% 감면, 재정융자 확대30%-40% 등의 혜택을 줌으로써 기지 건설에 도움을 주었다.

5
평 가

국가정책의 신뢰도 손상

국가의 정책결정 과정이 이토록 허술할 수 있다는 것은 부끄러운 일이요 앞으로 용납되어서도 안 되는 일이다. 더구나 전문가 집단이 많은 용역비를 들여 연구했다는 결과가 자치단체 실무자 한 사람에게 허물어졌다면 그것은 치욕이다. 결국 담당연구원 한사람의 무책임하고 안일한 자세가 성실하게 본분을 다하는 동료들과 소속기관의 명예를 실추시켰고 나아가 국책연구기관과 정부에 대한 불신으로 이어지는 결과를 가져왔다.

지방경시 풍조

지방은 오랫동안 중앙의 결정에 이의 없이 따르면서 순치되어 왔다. 용역이란 정책결정자의 의중을 합리화시켜 주는 수단이요 중앙이 정해 주면 지방은 이의 없이 따를 것이라는 안이한 생각은 추호도 용납되어서는 안 된다. 본격적인 민선자치시대가 열린 지 십여 년이 넘었음에도 지방의 변화를 인식하지 못하는 사람이라면 전문가도 아니요 정책결정에 참여해서도 안 된다.

집념의 특공대

난공불락의 요새는 정규군이 아니라 소수의 특공대가 함락시키듯이 본 사례는 사무관 한사람의 집념이 핵심을 이루었다. 화물기지 업무를 담당했던 그는 용역보고서를 펴놓고 대상지의 필지별로 지가를 환산하는 등 방대한 자료 속에서 허구와 오류를 발견해 내고 진돗개처럼 놓지 않고 끝까지 설득과 투쟁을 계속했다. 그는 배수내의 승진서열이 가장 끝이었지만 곧 이어 서기관으로 발탁 승진되었고 연이어 중요한 현안문재 해결에 탁월한 성과를 계속 올려 주었다.

관료조직의 보수성

관료조직은 속성상 안정적이며 보수적이다. 안전의식이 가해지면 더욱 경직성을 나타내게 된다. 경제계는 IMF 여파로 위축되고 어려운 가운데 있으나 사업자 모집을 위한 민자 유치의 조건은 과거에 정해 놓은 것을 그대로 적용하였다. 사기업이라면 시장조사와 사업성 등을 사전에 판단하고 융통성을 발휘하였을 것이다. 부지가 확정된 후 6년이 지나서야 시행자를 선정하였으니 그간의 손실은 무엇으로도 채울 수가 없다.

이렇듯 중부 내륙화물기지 건설 사업은 현장 파악도 제대로 이루어지지 않은 채로 추진되었던 허술한 국책사업이었다. 그러나 본 사례는 지방자치화를 통한 지방정부의 역할이 증대되는 시대적 배경을 바탕으로, 지방정부와 주민 그리고 언론, 학계, 연구기관 등이 힘을 합쳐 바로 잡은 좋은 선례라고 할 수 있을 것이다.

Leadership

9

청주광역도시권 설정

대화와 설득

대전광역도시권에 청주 청원 일원이 포함되도록 중앙도시계획 위원회의 의결이 이루어졌으나 청주권을 분리하여 별도의 권역을 설정함으로써 지역의 독자성을 확보하고 지역발전을 앞당긴 사례

* 본 사례의 상세한 내용은 '2006 충청북도 건설교통국 내부자료' 를 참고.

수도권
원주시
용인시
이천시
여주군
시
제천시
중
충주시
음성군
진천군
괴산군
아산시
천안시
증평
출장소
청주권
청주시
청원군
연기군
보은군
공주시
대전
광역시
옥천군
대전권
논산시
영동군
금산군

1
일반적 배경

광역도시계획권

광역도시계획권廣域都市計劃圈이란 서로 접한 도시를 하나의 권역으로 묶어 토지 및 도시기능을 통합관리하는 제도로, 건설교통부장관은 인접한 2개 이상의 특별시 · 광역시 · 시 또는 군의 관할구역의 전부 또는 일부의 공간구조 및 기능을 상호 연계시키고 환경을 보전하며 광역시설을 체계적으로 정비하기 위하여 대통령령이 정하는 바에 따라 광역도시계획권으로 지정할 수 있다. 광역도시계획은 구속력을 지닌 최상위의 도시계획으로 국토건설종합계획, 수도권정비계획의 하위계획에 해당되는 계획이며, 도시기본계획에 대해서는 상위계획의 지위를 지니는 계획으로 기본적인 틀Framework을 제공하는 지침계획Guide plan이다. 정부에서는 광역도시계획권역을 8개 권역[1)]으로 설정하고 있다.

---

1) ① 수도권: 서울, 경기, 인천
② 청주권: 청주, 청원, 보은, 증평, 음성, 괴산

중앙도시계획위원회의 의결

청주권의 경우 처음부터 독자적인 광역도시권으로 설정된 것은 아니었다. 2000년이 되면서 정부에서는 전국 대도시 주변에 설정하였던 개발제한구역Green Belt의 문제점을 해소 완화하기 위해 일부 지역의 해제나 조정 작업을 진행시키면서 광역도시계획권역도 조정하였다.

당해 업무의 일환으로 2000년 7월 12일 중앙도시계획위원회는 대전·청주권, 또는 중부권이란 명칭으로 대전권과 청주권을 하나로 묶어 광역도시권을 설정하도록 의결하였다. 이는 대전시 전역을 중심으로 하여 충남의 공주시와 논산시, 연기군과 금산군을 포함시키고 충북의 청주시와 청원군, 옥천군, 보은군까지 4개의 시지역과 5개의 군을 포함하는 총면적 5,122평방 킬로미터의 지역을 권역으로 하였다.

충청북도의 입장

하지만 대전과 함께 묶인 광역도시계획이 실행될 경우에는 다음과 같이 여러 가지 문제점들이 예상되었다.

---

③ 대전권: 대전, 충북(옥천, 영동) 충남(연기, 공주, 금산, 논산)
④ 광주권: 광주, 전남 일부
⑤ 대구권: 대구, 경북 일부
⑥ 울산권
⑦ 부산권
⑧ 마산, 창원, 진주권

① 광역개발계획은 큰 도시를 중심으로 이루어질 것이므로 인구 150만의 대전시가 광역계획의 중심지로 주도적 역할을 하게 될 것이고 인구 50만에 불과한 청주지역은 대전권에 예속될 가능성이 크다.

② 광역권으로 통합해 놓을 경우 민선자치 이후 더욱 요구되는 시도별 특성화와 독자성을 살리는 개발계획이 어려워진다.

③ 대전과 청주의 지역적 연계성이 약하며 행정권과 생활권의 괴리로 사회경제적 통합이 곤란하고 현안 문제의 지역간 상충, 사회간접자본시설의 유치경쟁, 수자원공급지와 수요지와의 갈등 등 다방면에서 지역별 상충현상이 심화될 것이다.

④ 3개 시도가 공통적으로 만족하는 계획수립이 매우 어려운 것이고 시도간에 거쳐야 할 절차나 협의 등으로 업무지연이나 혼선이 발생할 것이다.

⑤ 광역권 지정은 그린벨트 해제나 조정 작업 위주로 추신되고 있으므로 복잡하고 어려운 대전권과 함께 추진하면 청주권의 그린벨트 해제 작업은 동반 지연될 수밖에 없다. 정부 방침에 따라 청주권을 둘러싸고 있는 그린벨트는 전면 해제 대상이므로 대전권에 비해 빠르게 추진하고 역동적인 개발계획이 가능하기 때문이다.

2
사안의 전개

청주권 분리 독자설정 추진

도시계획 분야의 권위 있는 전문가들로 구성된 중앙도시계획위원회가 의결한 사항을 뒤바꾼다는 것은 선례도 없을 뿐만 아니라 매우 어려운 일인 줄 알지만 지역의 미래가 달린 중대사이기 때문에 사활을 걸고 이루어 내야 한다는 생각을 먼저 굳혔다.

재심의 요구

우선 지체하지 않고 건설교통부 장관을 면담하여 재심의를 요청하고 대전광역시장과 충남도지사에게 분리 취지에 협조해 줄 것을 요청하였다. 그리고 도의회의 건의문과 함께 경실련과 GB권리회복추진협의회 등 NGO들도 중앙부처를 방문하며 재심의를 강력히 요구토록 하였다.

재심의 요구 논리 개발

재심의를 이끌어 낼 수 있는 설득력 있는 논리가 우선 필요하므로 도내 대학의 도시계획분야의 교수, 도시계획 기술사, 충남북개발연구원의 전문가, 도청의 공무원 등으로 팀을 구성하고 분리 설정의 필요성과 당위성에 대한 논리를 개발하여 활용토록 하였다.

중앙도시계획위원 개별 방문 대화

공식적인 대화로는 이해 설득에 한계가 있으므로 친분 및 연고를 찾아 27명의 위원을 개별 방문하여 협조를 구하기로 하였다. 그리하여 충북개발연구원의 이태일 원장이 위원 중 친분이 두터운 10명과 대화키로 하고 나머지 17명은 도청 간부들이 각기 그 연고를 찾아 분담 방문키로 하였다.

1차 시도에서 19명의 위원과 대화가 이루어졌는데 그중 대다수인 12명의 위원들이 분리 필요성을 이해하면서 협조하는 분위기였으나 4명은 유보적 입장을, 2명은 난처한 입장임을 밝혔고 1명은 적극 반대할 것임을 분명히 하였다.

개별 대화를 통하여 많은 성과가 있었지만 업무의 성격상 소수라도 강경하게 반대한다면 분위기 반전은 언제나 있을 수 있는 일이었고 게다가 약 2주일 후에는 7명의 위원이 교체되는 등 어려움이 있었으나 대화의 노력은 계속되었다.

권역 변경안 도출

입장의 차이

충북도의 전방위적 노력에도 불구하고 기관에 따라 입장의 차이를 크게 보였다. 이 업무의 주관부서인 건교부와 중앙도시계획위원회, 국토연구원은 지금까지 추진해 온대로 지정 원칙을 고수하려는 입장이었고 대전시와 충남에서는 지역별로 수긍할 수 있는 명분을 요구하고 있었다. 또한 충북 관내의 시군들도 입장에 따라 각기 의견의 차이가 있었다.

협의안 도출

입장과 의견의 차이를 줄여나가기 위하여 지속적인 대화와 회의가 이루어졌다. 건교부, 중앙도시계획위원회, 국토연구원, 충북도, 충북개발연구원의 책임 있는 간부들의 간담회와 아울러 실무책임자들 간의 업무협의도 활발히 이루어졌고 3개 지방자치단체간의 협의도 시간이 가면서 진전을 보게 되었다. 아울러 도내의 시군과도 협의를 통해 권역조정안이 도출되기에 이르렀다.

청주권의 신설지정

당초 대전권에 포함될 충북지역은 청주, 청원, 보은, 옥천의 4개 시군이었으나 그중 생활권이 대전인 옥천 외에 영동군을 추가하여 대전권에 포함시키도록 하였다. 그리고 청주, 청원, 보은 외에 증평, 진천, 음성, 괴산을 더한 7개 시군을 청주권으로 하고 2000년 10월 9일에는 신설 지정을 받게 되었다.

청주권 광역도시계획 수립

중앙도시계획위원회 심의 의결

3개월 동안의 집중적인 노력으로 중도위의 의결사항을 바꾸면서 청주광역도시권이 탄생되었고 약 1년간의 작업을 통해 다음과 같은 청주중심의 독자적 계획을 수립한 후 2001년 11월 16일에는 중앙도시계획위원회의 심의 의결이 이루어지는 등 신속하게 진행되었다.[2)]

개발제한구역 조기해제

청주권 광역도시계획이 확정됨에 따라 그린벨트 조정 작업도 신속하게 진행되었다. 그린벨트는 무질서한 도시팽창을 방지하고 환경을 보전하기 위해 1971년 도시계획법 개정으로 도입된 제도이다.[3)] 이러한 그린벨트제도는 사유재산권의 침해 등 부작용도 많았지만 대도시 지역 등에서는 기여한 바 크다. 그러나 인구집중과 도시팽창이 대도시 중심으로 이루어지면서 도청 소재지 등 지방도시에서는 괄목할 만한 변화는 별로 보이지 않았다. 그러므로 청주지역의 그린

---

2) — 계획기간: 2000~2020
- 계획기조: 지속가능한 개발의 실현
- 계획목표: 청주 중심의 국제거점, 첨단산업 육성, 환경 친화적 도시
- 인구지표: 966,192(1999) ⇨ 1,370,000(2020)

3) 이 제도는 다음과 같이 분류할 수 있다:
- 서울, 부산, 대구, 광주, 대전 등 대도시의 인구집중 억제가 필요한 지역.
- 춘천, 청주, 전주, 제주 등 가까운 장래에 팽창 우려가 있다고 보는 도청 소재지 주변지역.
- 마산, 창원, 진해, 울산, 여천 등 정부가 추진하는 중화학공업단지 주변.
- 충무, 진주 등 관광자원과 자연환경을 보전 할 필요가 있는 지역.

벨트는 전면 해제 대상이 되었고 작업이 빠르게 진행되어 2002년 1월 19일 건설교통부의 결정고시를 거쳐 청주 청원지역의 개발제한구역은 완전히 해제되었다. 이로써 약 30년간 묶여 있던 180.1Km^2 내의 208개 마을 8,104호가 제약에서 벗어나게 되었다.

3
교 훈

관계자본(關係資本)

사람이 살아가는 데에 있어 인간관계는 중요한 자본이다. 그것은 사생활 분야뿐만 아니라 공적인 업무관계에도 상당히 중요하다. 이미 중앙도시계획위원회의 의결까지 거친 사안을 중대한 하자나 특별한 사정변경 없이 번복한다는 것은 불가능에 가까운 일이었다.

그러나 당위성을 가진 논리적 바탕 위에 위원들과 평소 조성되어 있는 인간관계를 통하여 개별적인 접근방법으로 이해의 폭을 넓혀감으로써 성공에 이를 수 있었다. 만일 같은 논리라도 공식적인 접근만 시도했다면 목표점에 도달하지 못했을 것이다. 그러므로 공사생활에 있어 각 분야의 사람들과 좋은 네트워크를 형성하고 있는 것은 자본이다.

절실한 목표

꼭 달성해야 할 절실한 목표인가 아닌가에 따라 돌파력이 달라진다. 대개의 경우 노력하다가 어렵다고 판단되면 포기하고 물러서는 경우가 많다. 그러나 생명의 위험을 느끼면 높은 담장도 뛰어 넘는 것처럼 반드시 해결해야만 하는 과제라면 돌파력이 생겨난다. 본 과제는 충북의 입장에서 보면 꼭 달성해야 할 몇 가지 이유가 있었다.

① 충북의 백년대계를 위해서 지역특성을 살리는 독자적 도시계획의 수립은 양보할 수 없는 명제이다.

② 복잡한 작업을 수반해야 하는 대전권에 포함시킬 경우 기본계획의 수립은 물론 그린벨트 해제작업의 장기화는 피할 수 없는 일이었다. 실제로 대전권의 그린벨트 조정 작업은 청주권보다 3년이 더 늦어진 2005년이 되어서야 완료되었다.

③ 청주권의 독자설정이 이루어지지 않는다면 충북 미래의 전환점을 열어 줄 바이오 엑스포 개최는 불가능하였다. 당시 야심차게 추진해 오던 바이오 엑스포 부지는 그린벨트 내이므로 해제되지 않는 한 시설축조나 부지조성은 법령으로 금지되어 있었기 때문이다. 이를 위해서 광역도시계획 수립에 이어 후속 조치를 숨 가쁘게 진행시킨 결과 2002년 1월에 그린벨트가 해제되었고 그해 9월에 바이오 엑스포를 개최할 수 있었다.

리더의 신념

리더가 흔들리거나 자신이 없어 보이면 조직의 힘은 솟아나지 않는다. 꼭 달성해야 될 과업이라면 지휘자 스스로 신념과 확신에 찬 모습을 보여 주어야 하며, 요원들이 해야 할 과제와 방법을 구체적으로 제시하고 행동에 옮길 수 있도록 길을 터 주어야 한다. 그리고 요원들이 활동한 결과를 직접 보고받으며 다음 단계의 대책을 상의하고 지시하면 소수의 특공대가 요새를 함락시키는 것과 같은 놀라운 힘을 발휘하게 된다.

몸을 던져 일하는 요원들

중앙과 접촉 경험이 거의 없는 지방의 실무 공무원들에게 주어진 본 과제는 생소하고 어려울 뿐만 아니라 중앙의 유력 인사들이 상대라는 점에서 부담감부터 느끼고 있었다. 그러나 초기에 전화로 주선해 준 면담을 마치고 돌아온 요원들은 자신감들이 생겨나고 스스로 영역을 넓혀가며 능력을 발휘하는 것이었다. 시간이 지나면서 요원들의 진실한 노력과 인간적인 이해 속에 설득력 있는 대안을 조언해 주는 분도 있었다. 청주광역도시권의 독자 지정이 이루어지던 날 요원들과 도지사 실에서 티타임을 갖으면서 다음과 같은 대화가 오고 갔다.

"이 사람들아 그거 원래 안 되는 일이야, 자네들이 엄청난 일 해냈어!"

"저흰 그 것도 모르고 물불 안 가리고 해 보니까 되던데요. 그런데 지사님! 이 친구 자동차가 굴타리가 되어버렸습니다."

"굴타리가 무슨 뜻이야?"

"위원님들을 만나러 전국을 누비며 석 달을 다녔더니 자동차가 고물이 다 되어버렸다는 뜻입니다."

그렇게까지 열심히 뛰어 준 그들에게 감동이 느껴졌다. 이후 그의 별명은 '굴타리'가 되었고 '발전을 앞당긴 주역들'이란 제목의 전지 크기 사진이 한 달 동안 현관 홍보판에 게시되었다.

Leadership

10

문장대 · 용화온천 개발 저지

주민 중심의 환경 운동

계곡하천의 오염과 생태계 파괴를 막기 위해 하류지역 주민들이 중심이 되어, 정부로부터 허가받아 시행 중인 온천 개발행위를 백지화시킨 환경운동의 성공사례

* 본 사례의 상세한 내용은 '문장대 · 용화온천 개발저지 백서 상 · 하권'(대책추진위원회, 2003. 3)을 참고.

속리산 국립공원
충청북도
경상북도
공림사
37 국도
괴산군 청천면 사담리
3.2km
신선봉
하수처리장
1.5km
997
지방도
문장대온천(예정지)
용화온천(예정지)
상주시 화북면 운흥리
37 국도
경상북도
묘봉
충청북도
속리산 국립공원
법주사

1

문제의 대두

「문장대 · 용화온천 개발」문제는 충청북도를 가로지르는 남한강이 수계이면서도 행성구역은 경북 상주시에 속해 있는 문장대 · 용화지역을 행자부가 1985년 온천지구로 지정하면서 야기되었다. 문장대 온천개발의 경우 1991년 상주군이 사업 주체가 되어 화북면 중벌리와 운흥리 일대 28만 9천 평에 1,500억 원을 들여 개발하고자 한 계획으로 하루에 2,900톤씩의 오수가 발생토록 되어 있었다. 또한 여기에서 1.5km 밖에 떨어지지 않은 용화지구는 1994년에 지주조합이 주체가 되어 814억 원을 들여 18만 5천 평을 개발하고자 하는 계획으로 하루의 오수 발생량이 무려 7,700톤이나 예상되었다.

개발 대상지역인 문장대 · 용화지구는 행정구역상 경북 상주시에 속해 있지만 이곳에 온천개발이 될 경우 발생되는 대량의 폐수가 충북의 괴산군 청천면을 시작으로 하류 일대를 오염시키게 되어 있으므로 가장 먼저 청천면 주민들이 중심이 되어 개발에 제동을 걸고 나섰다. 이는 수익성에 역점을 두고 온천을 개발하려는 사업자와 이를 저지하려는 지역주민들의 분쟁에서 시작되어 한강의 발원지이자 국립공인 속리산의 수질오염과 환경파괴를 막고자 하는 충북과 지역발전이란 이익을 중시하는 경북 사이에 발생한 지역 대결로까지 비화된 사건이다.

이는 또한 전국적으로 무분별하게 난립하고 있는 온천개발의 심각성을 보여 주는 대표적인 사례로 이후 온천 개발행위에 상당한 영향을 미침과 동시에 1982년에 제정한 '온천법' 개정운동에 커다란 영향을 주게 된 사례이기도 하다. 본 사례는 1992년부터 2001년까지 10년 동안 행정기관과 지역주민 그리고 환경단체들이 한 데 어우러져 100여 차례의 집회와 8년간의 법적 공방, 2년여 간의 현장농성과 50만 명의 반대서명 운동 끝에 개발이익보다는 환경권과 생존권이 중시되는 결과를 얻어 냈다.

| 2 |

개발의 문제점

우리나라는 1960년대 이후 근대화 과정에서 도로, 항만, 철도 등 사회 간접자본시설의 활발한 건설과 더불어 여러 가지 형태의 지역개발이 뒤따랐고 그 결과 국가 및 지역경제의 성장, 도시화 산업화의 촉진, 국토의 계획적 이용이라는 긍정적인 성과를 크게 거두어 왔다.

그러나 늘 빛과 그늘이 함께 있듯이 개발의 이면에는 항상 환경파괴나 오염이 뒤따르게 마련이다. 근래 환경에 대한 관심이 더욱 높아지면서 보존과 개발간의 갈등과 대립은 더욱 심화되었으며, 특히 지역간 경계 가까운 곳에서 사업이 이뤄질 경우 지역 갈등으로 나타나기 쉬운데 문장대 · 용화온천 개발 문제가 대표적인 사례라 할 수 있다.

하류지역의 오염

경북 상주군 화북면 일대는 남한강 수계의 주요 발원지로 그 어느 지역보다 아름다움과 청정함을 지켜 왔다. 이곳에 대규모 온천이 개발될 때 각종 오폐수는 국립공원인 속리산을 비롯하여 화양동 지구를 지나 괴강, 달천강, 조정지 댐과 남한강을 거쳐 한강 본류로 흘러들면서 하류를 오염시키고 수도권까지 영향을 미치게 될 것이다.

충북대 교수팀은 계획대로 온천이 개발되면 1급수인 용대천 상류가 3급수화되고, 박대천은 2급수로 떨어지며, 괴산 · 충주중원지역 주민들은 식수원 오염과 농업용수 부적합이라는 피해를 입을 것이라고 연구결과를 내 놓았다. 즉 온천개발 사업으로 다량의 폐수와 아울러 불소 성분이 함유된 온천수가 유입되면 인근 하류지역 주민들의 음용수 사용이 불가해질 뿐만 아니라, 2천만 수도권 시민의 식수원도 오염시킨다는 것이다. 또한 충주지역을 관통하는 달천강의 수질이 5급수로 떨어져 하류지역 일대 1천여 ha의 농경지 피해와 아울러 어업면허자 생존권도 위협받게 된다고 하였다.

국립공원의 자연경관 훼손과 생태계 파괴

국립공원 속리산은 천황봉, 비로봉 등 8경八景과 문장대 입석대 등 8대八臺, 신라 천년의 도량인 법주사가 있는 아름다운 청정 명산이다. 그러나 문장대 · 용화 온천 개발로 국립공원 내에 대규모 집단시설이 설치된다면 아름다운 명산으로써 생명력과 신비로움도 잃게 될 것이다. 또한 자연수보다 더 많이 배출되는 오수로 인해 인근지역의 오염과 자연 생태계의 파괴, 지하수 고갈 등으로 청정 관광기반을 소실하게 되는 것이다.

절차상의 문제와 사업 승인의 부당성

문장대 · 용화 온천개발의 사업승인 및 허가 처분에도 문제가 있었다. 사업을 승인하는 데 있어 하류지역의 의견 수렴이 결여되었으며, 설계도면도 없는 승인 처분은 부당할 뿐만 아니라 배출 폐수 BOD 1ppm 달성은 현실적으로 불가능함에도 허가 처분이 되었다. 또한 환경부에서 환경영향조사를 실시한 후 통보된 사항들이 반영되지 않았으며, 특히 당시 내무부 장관이던 K장관이 퇴임 당일에 전격 결재한 사실은 지역 주민들을 자극하고 분노하게 만들었다.

3

개발사업 진행과 반대운동

문장대 · 용화온천 개발문제는 지역개발과 환경보존 중 어느 것이 우선시되느냐에 따라 생겨난 지역 간의 입장 차이인 동시에 주민들의 생계와도 연관이 되면서 서로 간에 물러설 수 없는 상황에 처해 있었다.

아래로부터의 반대운동

① 1991년 7월, 상주시는 문장대온천의 시설 규모를 18,000평에서 53,000평으로 대폭 확장하기로 하고 관광지 조성계획을 경북도에 변경 신청하였다. 이에 1992년 8월 괴산군과 청천면 일대 주민들은 상주시와 경북도에 반대의견을 제시하고, 청와대와 내무부, 환경처, 충청북도에 진정서를 발송하는 한편 청천면 주민들은 대책위원회를 결성하여 궐기대회를 열고, 괴산군 주민들은 결의대회 및 호소문을 발송했다. 이러한 반대운동이

강화되자 관광지 확장을 위해 진행되던 환경영향평가는 유보되었다.

② 이와는 별도로 1992년 용화지구 지주조합은 국립공원관리공단에 용화지구 온천개발을 허가 신청했다. 이에 1993년 5월 충북은 환경영향평가에 대한 원천 철회 의견을 통보하였고 국립공원관리공단측은 신청서를 반려했다. 하지만 같은 해 6월 환경영향평가법이 제정되면서 건축연면적 증가는 평가대상에서 제외된다는 결정과 함께 1994년 7월 관광진흥법 시행령 및 규칙이 개정되면서 개발에 따른 승인업무가 도지사에게 위임되었다. 이에 따라 다시 상주시가 개발을 추진하게 되었고, 괴산군민은 용화온천 개발을 저지하기 위해 궐기대회를 열었다. 또한 문장대 확대조성에 관한 승인신청이 다시 상주시에 의해 경상북도에서 교통부로 진달되었다.

민원문제의 외연적 확산

① 1994년 5월, 충청북도의 각계 대표 677명은 '개발저지 도민대책위원회'를 결성하고 내무부, 건교부, 환경부 등에 온천개발 저지에 관한 건의를 하는 한편 '문장대 · 용화온천 개발저지 충북도민 결의대회'를 열었다. 그리하여 면 단위에서 시작된 반대운동이 군 단위를 넘어 도 단위까지 확대되기에 이르렀다. 이에 따라 개발 문제의 심각성이 드러나면서 민원문제가 외연적으로 확산되는 양상을 보였다.

② 온천개발을 둘러싼 갈등문제는 지역을 벗어나 중앙부처 및 시

민단체로 더욱 확대되어 나갔고 도민대책위는 교통부장관, 환경처장관, 내무부장관, 청와대 경제수석을 차례로 면담하면서 개발저지를 요청하였다. 또한 하류 피해지역에 해당하는 충주 시민들도 궐기대회를 열고 개발저지에 나섰으며, 각계각층의 전문가와 시민단체들이 현지를 답사하기 시작하였다.

개발계획의 진전

① 1994년 9월 건교부는 온천사업에 따른 문제의 심각성을 인지하게 되면서 경상북도에 개발계획을 변경하라는 지시를 내렸지만, 내무부는 확대 계획 그대로 환경영향평가를 환경부에 협의하였다. 하지만 환경부는 이에 대해 오수처리 기술상 1ppm은 가능하나 운영상에 문제가 있음을 제기하고 사업규모 확대를 반대하는 의견을 회신하였다.

② 그럼에도 불구하고 1995년 12월 20일에 내무부는 확대하여 개발코자 하는 용화온천 기본설계를 그대로 승인하면서 지주조합의 편을 들어주었다. 이에 따라 문장대온천은 지주조합이 상주시로부터 사업시행허가를 받았고1998. 4, 용화온천은 국립공원관리공단으로부터 허가를 받게 되었다1996. 5. 그러나 허가의 기초가 된 내무부의 승인행위가 당시 결질이 발표된 K장관의 퇴임 당일에 전격적으로 이루어짐으로써 정당성 논란을 불러일으키며 계속 분쟁의 불씨가 되었다.

실력행사

1996년 5월 충북도민은 문장대 · 온천개발저지를 위한 궐기 대회를 다시 열고, 내무부와 관리공단을 항의 방문하였다. 8월 30일에는 공사 저지를 위해 괴산군민들이 현장에 설치해 놓은 천막을 지주 조합 50여 명이 몰려들어 몸싸움과 더불어 불태워버렸고, 이에 자극을 받은 괴산주민 70여 명은 다음날 아침 트렉터까지 동원하여 용화 지구 간이목용장을 강제 철거하는 등 현장 충돌이 빚어졌다. 이후에도 현장 충돌이 계속되는 가운데 지주조합에서는 시위 주민들의 방해를 차단해 가며 공사를 강행하였고 시위 주민들은 상주할 수 있는 콘테이너 박스와 전화기, 화장실까지 새로이 설치하면서 장기 대치 국면으로 접어들었다.

분쟁의 지속 및 확산

계속되는 분쟁 속에서 현장 충돌에 대한 경찰조사와 출입금지, 고발, 이장의 법정구속 등이 언론 보도를 통해 알려지면서 내무부에서는 경상북도에 분쟁조정 시까지 공사를 강행하는 것을 유보하라는 지시를 내렸다. 1996년 10월 14일에는 전국환경운동연합 1,200여 명이 파고다 공원에서 환경파괴 저지 및 온천법개정 범국민대회를 여는 등 온천개발을 들러싼 갈등은 해당 지역을 넘어 전국으로 확산되어 갔으며 10월 30일에는 국회에서 대정부 질의가 이루어짐으로써 정치권으로까지 비화되었다. 답변에 나선 국무총리는 "현장을 방문하여 타당성 여부를 재검토하겠다"고 발언하였고 그에 따라 연말이 가까운 12월 27일 현지를 방문한 자리에서 "BOD 1ppm 처리는 현실적으로 달성하기 어려우며, 장관이 퇴임 당일 승인 결재한 것은 합당치 않으므로 합의점을 도출하기 위한 중재 노력을 하겠다"고 약속하였다.

4

끈질긴 사법 투쟁

문장대·용화온천 개발사업을 저지하기 위한 노력의 결정판은 바로 괴산군민이 주축이 되어 7년이라는 오랜 기간 동안 싸워온 끈질긴 사법 투쟁이라고 할 수 있다.

문장대지구 개발사업 시행허가 취소 관련 소송

1996년 1,578명의 괴산군민은 상주시장을 상대로 경상북도에 문장대지구 개발사업에 대한 시행허가 취소 관련 행정심판을 청구하지만 각하되었고, 이어서 대구고등법원에 행정소송을 제소하지만 이 역시 각하되고 말았다. 그 후 괴산군민은 1997년 3월 대법원에 상고하여 원심파기 판결을 받아1998. 10. 20 다시 대구고법으로 환송시켰다. 그러나 대구고법에서는 다시 원고의 청구를 기각하였고 대법원에서는 다시 파기 환송하는 줄다리기 재판이 이어졌다. 그러나 사법투쟁이 시작된 지 장장 7년이 지난 2003년 5월 30일 대법원은 판결을 통해 온천조성시행허가 취소를 확정지음으로써 괴산군민의 승리로 끝을 맺게 되었다.

문장대지구 공사중지 가처분 소송

1997년 4월 3일 괴산군민 10,309명은 문장대 지주조합을 상대로 청주지방법원에 공사중지 가처분 신청을 하였고, 법원은 공사를 중지해야 한다고 선고했다1999. 3. 그러나 상주시와 지주조합은 동 판결에 불복하고 대전고등법원에 항소하여 원심판결을 취소1999. 8시켰다. 이에 괴산군민이 다시 대법원에 상고한 후 대전고등법원으로 파기환송되었다. 그러나 2003년 5월 30일 대법원 판결에 따라 본안소송이 확정되면서 소의 실익이 없어짐에 따라 괴산군민이 승소하게 되었다.

용화지구 사업시행허가 취소 관련 소송

괴산군민은 국무총리실에 행정심판을 청구하여 용화온천 시행허가처분 취소 인용결정을 받고1997. 2. 28 이어 내무부장관의 재결까지 받았다1997. 3. 26. 그러나 용화지구 지주조합은 서울고등법원에 재결취소를 청구하는 행정소송을 제기하였다. 지주조합의 청구는 고법에서 기각되었고 대법원에 상고하였으나 다시 기각됨으로써 괴산군의 승소가 확정되었다2001. 7. 27.

용화지구 기본설계변경승인처분 취소

괴산군민은 상기 용화지구 사업시행허가 취소와 병행하여 장관이 퇴임 당일에 결재한 기본설계변경승인처분도 취소해 달라는 행정심판을 청구하여 국무총리실 행정심판위원회에서는 인용결정을 받았지만 내무부장관의 재결에서는 유보결정이 내려졌다. 이에 괴산군민은 서울고등법원에 행정소송을 제기하여 승소하였고1999. 1. 20, 지주조합이 상고한 대법원에서도 다시 승소하게 되었다2001. 7. 27. 위와 같이 네 가지의 소송을 끈질긴 법정 싸움 끝에 승리로 이끌면서 문장대와 용화지구 온천 개발 저지운동은 마감되었다.

5
성공의 요인

집념과 인내가 이룩한 11년간의 장기전인 문장대 · 용화온천 개발저지 사례는 주민들이 주축이 되어 생존권과 환경권을 지켜낸 것으로 그만큼 큰 의미를 가진다.

목표와 명분의 합당성

문장대 · 용화온천 개발 문제는 이와 직접 관련된 지역만의 문제가 아니라 난개발 확산이라는 국민적 우려가 함께 공존하면서, 환경보존과 생태계 보호, 지속가능한 개발이라는 합당한 목표와 명분에 합치됨으로 시간이 갈수록 힘을 더할 수 있었다.

하류주민들의 생활과 직결된 현실적 문제

하류주민들은 문장대 · 용화온천의 개발로 인해 발생하게 되는 환경오염으로 자신들이 삶의 위협을 느끼게 되므로 자생적으로 반대 운동이 형성될 수 있었다. 이에 따라 청천면 대책위원회가 구성되고, 다시 괴산군 대책위원회로 확대되었으며, 나아가 충북도민 대책위원회라는 큰 집합체를 만들어 냈다.

주민들의 눈물겨운 노력

문장대 · 용화온천의 개발을 저지하기 위해 주민들은 많은 고통을 감내하며 끈질기게 노력했다. 법적인 조치가 이루어지기 전까지는 현지 공사장에 천막을 치고 야영하면서 감시하고 몸싸움까지 불사하며 현장을 지켜내었다.

집념의 지도자들

면단위, 군단위, 도단위의 지도자들이 앞장서서 열정적으로 노력하였고 주민들도 함께 적극적으로 성원하며 참여해 주었다.

각계의 지원과 협력

개발을 저지하기 위해 환경 분야의 교수, 중앙 및 지방언론, 각계 도민, 법조계, 환경단체 등 각계각층의 지원과 협력이 이루어지면서 더욱 든든한 지원세력이 되어 주었다.

행정기관의 지원

충청북도와 괴산군에서는 문장대·용화온천의 개발저지 전략은 물론 예산과 인력에서부터 사무실, 집기, 소품 등 섬세한 부분까지 지속적으로 지원하고, 중앙정부와 정치권의 협조를 이끌어 내는 데에도 힘을 기울였다. 또한 계속 발생하는 고충 해결과 아울러 각급 토론회, 조사연구 용역 등으로 논리를 개발하고 여론을 형성하는 등 행정기관의 지원은 필수적인 일이었다.

자유로운 민선 자치시대

민선자치 시대 이후 도지사, 시장, 군수 등이 임명제 때에 비해 중앙정부의 통제에서 비교적 자유로워졌다는 점과 지역 출신 국회의원들과 지방의회 의원들이 한목소리로 주민들의 이익을 대변하는 등 지원세력의 층이 한결 두터워진 것도 큰 힘이 되었다.

결국 문장대·용화온천 개발 저지운동은 지역개발보다는 환경을 생각하면서 지역 주민들이 먼저 나서고 각계의 전문가와 변호사, 시민단체들, 도민과 행정기관, 중앙과 지방, 정치권과 언론 그리고 사법기관까지 동원된 총력전의 양상을 보이면서 환경권 수호의 기념비적인 사례가 되었다. 아래로부터 시작된 자주적 운동의 승리라는 좋은 선례라 평가되기도 하였다.

Leadership

11

특급호텔 유치

자신에게 떳떳해야 가능한 소신의 리더십

부정적인 사람들의 눈높이에 맞추면 지역발전이나 주민이익에 배치된다. 미래가 요구하는 방향과 다름에도 불구하고 주민들의 정서나 눈높이를 따르는 것은 꿈과 사명을 버리는 것이다. 모함과 방해를 극복하고 지방 제일의 특급호텔을 유치한 사례

* 본 사례의 상세한 내용은 '2006 충청북도 건설교통국 내부자료' 를 참고.

RAMADA PLAZA
SFX
SFX
MULTIPLEX
CINEMA

1
양반 노릇 하려면 도포 한 벌은 있어야

충청북도의 도청 소재지인 청주는 아름답고 깨끗하고 유서 깊은 도시이다. 이미 통일신라시대 서원경으로 승격한 청주는 구텐베르그보다 70여 년이나 앞서 세계 최초의 금속활자인 직지를 탄생시킨 긍지 높은 고장이다.

이제 청주권은 인구 100만 명 시대를 내다보며 세계를 향한 도약을 시작하고 있는 준 수도권 도시이다. 그러나 호텔다운 호텔 하나 없는 터라 국제행사나 전국대회 등이 열릴 때면 외부 귀빈들을 모실 수가 없으므로 멀리 떨어진 대전이나 유성에서 숙박토록 해야 하는 실정이었다. 예를 들어 김수녕 양궁장 건립기념대회시 26개국 선수 임원 250명은 유성에서 숙박하였고, 1999년 청주 공예비엔날레 때에도 외국인 100여 명이 대전에서 숙박하였으며 2002 바이오엑스포의 귀빈들도 서울과 유성에 잠자리를 준비할 수밖에 없었다. 양반에게 도포 한 벌은 있어야 하듯이 청주에 수준급 호텔 하나쯤은 필수적인 시설이기도 하였다.

2

특급호텔 건립 투자자 유치

특급호텔 유치 실패

청주에 특급호텔을 유치하기 위해 도전임 도지사 주병덕에서는 정무부지사를 책임자로 하는 전담반을 두어 1단계1997로 전국 유력 기업가들을 대상으로 유치활동을 벌였고, 2단계1997~98로 재경 충북 출신 기업가를 방문하는 등 일 년 반 동안 노력하였으나 사업성이 없다는 이유로 모두 투자를 기피하여 성과를 올리지 못하였다.[1)]

1) 당시 유치안내문에 수록된 주요 내용을 보면 다음과 같다:

- 청주권의 발전전망
  - 청주 국제공항 개항으로 국제도시 부상
  - 교통의 요지로 고속철도 서울 30분대
  - 첨단 과학 산업의 중핵지대
  - 중부권 복합 화물터미널 건설
- 행정지원
  - 사업계획승인 및 각종 인허가 일괄 처리
  - 건폐율 완화
  - 건설자금 지원
  - 조세 감면 등
- 건립 후보지 추천
  - 청주시 상당구 사천동 지역의 임야 10,994평 등 6개소

특급호텔 유치 재추진

민선 2기가 새로이 시작되면서 충북출신 재경 인사를 상대로 적극적인 유치 활동을 다시 시작하였다. 청주의 여건으로 보아 호텔 운영은 상당기간 적자운영이 예견되므로 사업성을 기준으로 볼 때 투자자는 나타나지 않을 것이므로 충북 출신 기업가를 상대로 애향심에 호소하여 투자 동기를 이끌어 내 보자는 것이었다. 그리하여 도지사가 직접 J산업의 S회장을 만나 설득작업에 나섰다. 두 사람은 초면이었지만 특급호텔 유치를 지지하는 지역인사 몇 분이 중개역할을 해주어 대화는 격의 없이 이루어질 수 있었다.

그러나 S회장은 청주에 1,600억 원이나 드는 특급호텔을 지으면 여러 해 동안 적자가 분명한데 어찌 투자 할 수 있겠느냐는 것이었다. 기업가로서는 당연한 말이었다. 그러나 물러서지 않고 수차례에 걸쳐 다음과 같이 집요하게 설득작업을 계속하였다.

> 일반 사업가로서는 못하는 일이므로 고향 사람에게 요구하는 것이다. 서울에서 번 돈을 고향을 위해 헌신하라는 것이다. 돈은 남겨 놓고 가면 후손들에게 분란의 원인이 되지만 지역을 위해 헌신한 보람은 영원한 것이다. 지금은 모르지만 세월이 지나면 S회장은 고향을 위해 크게 기여한 인물로 기억될 것이다. 자연녹지지역인 예정 부지를 준주거지역으로 바꾸어주면 지가도 많이 상승될 것이고 호텔의 부대시설로 쇼핑센터를 건설하면 객실의 적자폭도 줄여나갈 수 있을 것이다.

특급호텔 건립 추진

결국 S회장은 고향인 청주지역 발전에 동참한다는 뜻에서 지방단위의 호텔로는 가장 규모가 크고 멋진 호텔을 짓겠다는 결심을 함으로써 필요한 후속 조치가 다음과 같이 진행되었다:

- 1999. 8. 청주 도시계획용도지역 변경결정 신청청주시 ⇨ 충청북도
- 1999. 11. 청주 도시계획용도지역변경결정을 위한 공람 공고
- 2000. 5. 도시계획위원회 용도지역 변경
- 2000. 6. 시가지조성사업 상세계획 결정
- 2001. 1. 교통영향평가 인가
- 2001. 2. 관광호텔업 사업계획 승인

3

지역의 눈높이와 호텔건립 반대

특급관광호텔을 건립키로 한 사업계획 승인이 발표되자 호텔은 소비적이며 퇴폐적인 시설이라는 선입관으로 부정적인 과거의 눈높이를 가지고 있는 사람들과 이해관계자들이 반대하고 나서면서 특급호텔 건립은 예기치 못한 난관에 부딪히게 되었나

호텔은 교육환경 저해시설

호텔 인근 고등학교 동문회의 반대

호텔건립사업 승인처분이 발표되자 인근 고등학교 동문회에서는 성명서를 통하여 교육환경권 수호를 갈망하는 동문들의 하나 된 목소리라면서 호텔건립 승인을 즉각 철회할 것을 촉구하면서 승인처분은 탈법행위의 전형이므로 도지사는 도민 앞에 사과해야 한다고 주장하였다.

학교법인의 소송제기(2001. 5. 22)

고등학교 학교법인에서는 인접하여 관광호텔이 건립되면 나이트클럽 등 위락시설은 면학분위기를 저해하고; 교통의 혼잡, 객실의 조명, 소음, 진동 등으로 정상적으로 공부할 수 있는 권리를 침해하며, 학생들의 정서에 심대한 영향을 미치고, 교육환경과 학습권을 침해한다는 취지에서 관광호텔 사업계획 효력정지 가처분 신청과 관광호텔 사업계획승인처분 취소청구 소송을 제기하였다.

특혜 의혹 제기

동문회 산하 '교육환경권수호 특별위원회' 에서는 교육환경을 저해하는 호텔건립 업자에게 엄청난 폭리를 취하게 하였을 뿐만 아니라 다음과 같은 특혜의혹이 있다고 주장하며 감사해 줄 것을 감사원에 요구하였다2001. 8. 29.

- 자연녹지에서 준주거지역으로 토지용도를 변경하여 지가를 수십 배로 상승시킴으로써 특정 업자에게 폭리를 취하게 하는 특혜를 주었다.
- 조례까지 바꾸어 도시계획위원 22명을 15명으로 줄여서 통과시켰다.
- 호텔 건립업자 S회장과 도지사가 동경에서 만났다.
- S회장은 호텔을 지을 능력도 의심스러우며 땅값만 올려놓은 후에 팔아 넘길 것이다.
- 도에서는 호텔과 더불어 쇼핑센터도 건립하도록 허용함으로

써 개인의 땅장사를 돕고 있다.

— 호텔 부지는 학교보건법상 절대 위생정화구역 내에 위치한다.

— 빠징꼬, 터키탕, 나이트클럽 등으로 교육환경을 저해한다.

— 호텔 출입구는 학생들의 통학에 심대한 위험성이 있다.

지역 내 부정적 시각 및 언론의 보도

외계의 변화를 접해 보지 않은 중소도시 주민들은 호텔은 소비적이며 퇴폐적인 장소라는 과거의 생각에서 벗어나지 못하고 있었다. 또한 엄청난 돈이 투입되는 호텔건설은 바로 이권과 관계되는 것으로 업자와 공무원의 관계를 순수한 시각으로 바라보지 않고 있었다.

시중에 떠도는 말들로는 부지 용도변경으로 100억이 넘는 시세 차익이 발생하였고, 사업자인 S회장은 1,600억이 넘는 자금 동원 능력이 없으므로 땅을 팔아 이익만 취하게 될 것이고, 착공한다하더라도 사전 분양한 후에 고의로 부도를 내고 잠적할 것이라는 악의적인 루머를 만들어 냈고 일부 언론들도 부정적인 시각으로 보도하는 등 호텔 건립의지에 찬물을 끼얹고 있었다.

또한 별로 달갑지도 않은 호텔을 짓는다는 명목으로 업자만 배불리고 지역경제에 파문을 일으킬 수 있는 일을 추진하고 있다며 도지사를 순수하게 보지 않았다. "당연히 뒷거래가 있었겠지," "큰돈이 오갔을 거야," "선거자금 마련하려고 했대," "그렇다면 한 수십 억쯤은 받았을거야" 등 시간이 지날수록 더 거칠고 구체적인 말들이 만들어지고 있었다.

재래시장 협의회의 반대

지방마다 대형 할인점들이 계속 들어서면서 위축되고 있는 재래시장 상인들은 위기의식을 느끼게 되었고 재래시장 상권수호를 위하여 호텔 내의 쇼핑센터 설치를 반대한다는 입장을 밝혔다.

호텔 내에 대형할인유통점이 들어서는 것은 결사적으로 반대하며 쇼핑센터 규모를 대폭 축소하고 외래 관광객이 이용하는 면세점 및 명품관 등으로 성격을 명확히 하여 재래시장 상권과의 마찰방지를 요구하였다.

선거 앞둔 정치공세

특급호텔 건립문제는 민선 3기 도지사 선거2002. 6. 13를 앞두고 정치공세로도 이용되었다. 상대편 후보 선거대책본부는 성명을 통하여 "의혹의 드라마가 저의를 드러내기 시작했다" 면서

- 두 번이나 부결시킨 용도변경을 지사와 S회장이 일본에서 만난 후 전격 통과시킨 배경은 무엇인가?
- 나이트 클럽, 영화관 등 학교환경 저해시설과 교통체증 등으로 반발하고 있는데도 밀어붙이는 이유는 무엇인가?
- 월등하게 좋은 곳이 얼마든지 있음에도 도시계획을 변경하여 수십억 원의 시세차익을 주면서까지 허가해 준 이유는 무엇인가?

이러한 의혹에 대해 숨김없이 밝힐 것과 호텔건립을 즉각 백지화 할 것을 촉구한다고 공세를 취하였다.

공직사회의 분위기

주변이 부정적이고 순탄하지 않자 공무원들이나 도시계획위원회 등 업무관련자들 또한 소극적인 자세를 보였다. 호텔이 없다하여 당장 급한 일이 일어나는 것도 아닐 뿐더러 혹시라도 시중에 떠도는 말들처럼 구설수에 휘말려 신분에 위험이라도 생길 것을 우려하여 소극적이요 부정적인 자세를 갖게 되니 업무의 단계마다 어려움이 발생하였다.

4

오늘 걷지 않으면 내일은 뛰어야 한다

우리지역에도 특급호텔이 들어선다고 기뻐하고 환영할 줄 알았는데 예기치도 않았던 어려움에 봉착하고 보니 어이없을 뿐만 아니라 배신감이 느껴졌다. 내일을 더 밝게 열어가자고, 지역경쟁력을 높여보자고 시작한 사업인데 그들이 왜 돌을 던지고 있는가. 당장 접어버리고 싶은 충동이 일었다.

그러나 미래를 생각한다면 물러설 수 없는 일이었다. 깊이 생각해 보면 그들이 악해서가 아니라 몰라서 하는 일이었고 지역 수준을 이렇게 만든 것은 그들이 아니라 앞서서 이끌어 온 지도자들의 책임이요 시각의 잣대를 부정부패에 두고 있는 것 또한 과거 공직사회의 허물이 아니겠는가. 어려움이 있어도 모함이 있어도 반드시 성사시켜서 잘못된 생각의 껍질을 부셔버리는 것이 진정으로 이 지역과 주민을 사랑하는 것이라고 다짐하였다.

지역정서와 분위기에 편승하여 파도타기만을 한다면 편할 수는 있겠지만 저 넓은 바다로 나아가는 것은 포기해야 한다. 지역의 눈높이에 맞춘다면 그것은 야합이요 사명을 저버리는 것이다. '오늘 걷지 않으면 내일은 뛰어야 한다' 는 말을 상기하며 반드시 멋진 특급 호텔을 건립하고야 말겠다는 의지는 더 굳어졌다.

투자자의 흔들리는 의지

고향의 발전을 위하여 모험투자를 약속했던 S회장은 투자 유치에 나섰던 몇몇 사람을 제외하고는 가치를 인정해 주는 사람이 없자 실망하는 눈치였고 더구나 자신을 폄하하고 비난하는 소리가 높아지자 내가 왜 저들을 위하여 운명을 건 투자까지 해야 할 이유가 없지 않느냐며 투자계획을 철회코자 하였다. 그럴 때마다 유치에 나섰던 지역이 원로들이 힘께 상경하여 설득하고 격려하여 다시 마음을 돌이키기를 여러 차례 반복하였다.

나도 그에게 말하였다. "억울하고 분하기는 나도 마찬가지다. 그러나 처음 시작할 때에 그들을 위한 것이 아니라 충북의 미래와 지역의 경쟁력 향상을 위한 큰 안목에서 결심한 것이 아닌가. 중도에 그만둔다면 저들의 말대로 저의가 달리 있었고 의혹이 사실이라고 믿게 될 것이다. 그러면 당신이나 나나 패배자가 된다. 그럴수록 초지일관으로 멋진 호텔 하나 지어 놓으면 언젠가는 훌륭한 일 했다고 평가받을 날이 올 것이다. 자기에게 부끄러움이 없으면 만인 앞에 떳떳한 것이다. 그리고 나와 작은 약속을 한 가지 하자. 차를 마시던 식사를 함께 하던 당신이 참여하는 자리라면 무조건 그 비용은 도지사가 부담한다."

학교법인의 소송으로 건설공사 지연

관광호텔이 교육환경 저해시설이라며 학교법인이 제기한 소송에 대하여 청주지방법원에서는 기각 결정을 내렸다.

사업계획 승인처분 효력정지 가처분 신청 기각(2001. 8. 21)

기각결정 이유로 관관호텔이 예정하는 허가 등급 및 그에 따른 문화시설로서의 건전성, 이 사건 토지 및 위 고등학교 주위의 개발현황, 위 관광호텔 설립에 따른 주변 지역의 난개발 가능성, 학교와의 차단 시설과 등하교시 안전시설 설치전망 등을 살펴볼 때, 신청인에게 회복하기 어려운 손해를 예방하기 위한 긴급한 필요가 있다고 인정되지 아니하여 기각한다고 이유를 밝혔다.

사업계획 취소청구 소송 기각(2002. 7. 11)

가처분신청이 기각되자 다시 제기한 취소청구 소송에서도 청주 지방법원에서는 '학교 학습권 침해와 호텔 건립과는 직접적인 영향이 없다.' 고 기각 판결을 내렸다. 결국 승소하기는 했지만 잘못된 소송으로 시간을 허비하며 사업은 지연될 수밖에 없었다.

문화재청의 공사 중단조치

호텔 부지의 터파기를 하던 중 현장조사차 나온 요원 한 사람이 구석기 시대의 석기깬돌로 보이는 돌 한 점이 있다 하여 오랜 동안 문화재 발굴조사가 실시되었다2001. 10 ~ 01. 11. 그러나 이렇다 할 것들은 발견되지 않았고 이 과정에서 반년이 넘게 공사 중단조치가 내려졌으며 소요경비 1억 5,000만 원도 사업자가 부담하게 하였다.

5

우뚝 선 특급호텔

여러 가지 어려움과 우여곡절을 거치면서도 무궁화 5개의 '라마다 플라자 청주호텔' 이 우람한 모습을 드러내었다. 부지면적 35,397㎡ 위에 건축 연면적 13,681㎡인 이 호텔은 지하 3층 지상 21층의 우아한 건축물로서 328개의 객실과 50명에서 2,000명까지 수용하는 여러 개의 컨벤션 시설을 갖추고 있다. 아울러 6개의 레스토랑과 바, 최고급 시설의 휘트니스 센터, 쇼핑몰, 영화관 등 다양한 부대시설을 고루 갖추었다. 태어나는 과정에서는 힘들고 어려웠지만 시민들에게 수준 높은 경제, 문화 활동의 센터로 이용되고 있을 뿐만 아니라 전국 및 국제단위의 행사장소로 활용되면서 중부권 유일의 특1급 호텔로서 지역의 위상까지 높여주고 있다. 저자가 충청북도를 떠난 후 개관식2006. 8. 30 소식에 접하면서 지난날을 뒤돌아보니 저절로 미소가 지어졌다. 운영상 적자가 확실시됨에도 약속을 지켜 큰일을 이룩해 준 S회장에게 감사한 생각이 들어 축복 있기를 기원하였다.

날씨도 춥던 날 착공식2003. 1. 15을 마치자 방송기자가 마이크를 들이대며 소감을 물어왔을 때 한마디 던졌던 말이 생각이 난다: "세간의 억측처럼 내가 투자자와 뒷거래가 있었다면 이토록 자신 있게 밀어붙일 수 있었다고 보는가?"

특급호텔의 모습과 기능을 알고 난 사람들의 달라진 평가와 경제활동에 크게 도움이 된다는 기업가들을 볼 때마다 당시 속상했던 기억들이 보람으로 바뀌어진다. "그래, 자신에게 떳떳해야 소신대로 일할 수 있는 것이야, 그들의 입방아와 눈높이에 맞추었다면 특급호텔은 물거품이 되었겠지…"

Leadership

12

밀레니엄 타운

예측 못한 반대 정서

많은 인력과 예산을 투입하면서도 골프장 건설에 대한 시민단체의 반대에 부딪혀 십년이 흘러도 답보상태에 머물고 있는 지역개발사업의 실패사례

* 본 사례의 상세한 내용은 '2006 충청북도 건설교통국 내부자료' 를 참고.

1

밀레니엄 타운의 이해

밀레니엄 타운의 의미

청주시 주중동에 소재하던 충청북도 산하의 종축장種畜場이 2000년 10월에 외곽으로 이전함에 따라 새로운 기능을 부여할 수 있는 공간이 발생하게 되었다. 이에 새천년New Millenium을 맞으면서 주민에게 삶의 질을 높일 수 있는 스포츠 레저시설을 제공하는 한편 컨벤션 등 글로벌 시대에 필요한 공간으로 조성하겠다는 취지에서 '밀레니엄 타운'으로 명명하였다.

부지 현황 및 입지 여건

부지 현황

— 위치: 청주시 상당구 주중동 산 147 외 44필지

— 면적: 77,420평255,934평방미터

— 도시계획법상 용도지역: 개발제한구역

입지 여건

40여 년간 종축장이었던 곳으로 축산 분야 발전에 상징적인 장소로 인식되어 왔으며 도시와 농촌을 잇는 접경지역으로 도시민의 접근이 편리할 뿐만 아니라 청주 국제공항과 중부고속도로 오창 IC 인근에 위치하여 청주시의 관문지역이기도 하지만 당시에는 그린벨트지역이어서 개발행위가 제약을 받고 있는 곳이었다.

2

대중골프장 조성 계획(1999. 1)

그린벨트 해제를 전제로 종축장 부지에 대중골프장[1)]을 건설하여 활용하는 방안이 검토되었다.

골프장 건설 취지

1998년 박세리 선수의 US오픈 우승 이후 골프에 대한 국민들의 이해도 넓어졌으므로 저렴한 비용으로 이용할 수 있는 대중골프장을 조성함으로써 시민들의 생활문화의 수준도 높이고 향후 청주공

---

1) 계획의 개요
- 부지면적: 52필지 83,451평(275,874평방미터)
  - 종축장 부지: 77,420평
  - 사유지 매입: 6,031평
- 규모: 9홀/파 36
- 소요사업비 : 65억 원
- 수지 분석: 연간 1,175백만 원 수익 예상
  - 수입: 3,195백만 원(입장료 25천 원, 카트대여, 식음료 등))
  - 지출: 2,020백만 원(인건비, 관리비, 제세 공과금 등)

항 이용객의 골프 수요도 충족하며 지방재정 수입에도 도움이 될 것이다. 또한 빈 공간으로 둘 경우 공공건물이나 아파트 단지 등으로 개발될 것이 예견되므로 골프장으로 조성하여 쾌적하고 아름다운 도시환경을 확보하는 것이 유리하다고 보았다.

장애요인 발생

시민정서와의 괴리

소수의 시민들은 골프장 조성에 적극 찬성의사를 밝혔지만 대다수의 시민들은 골프 자체에 대해 부정적 시각을 가지고 있었다.

시민단체의 반대

환경운동연합을 중심으로 한 시민단체들은 연대하여 환경파괴와 계층간의 위화감 등을 이유로 골프장 건설을 반대하며 토종 생태공원 조성을 요구하고 나섰다.

충북환경운동연합에서는 밀레니엄 타운내의 골프장 건설은 환경련의 존폐 여부와 직결된 중대한 문제라는 인식에서 인근 주민들과 공조하며 반대투쟁에 주도적으로 나섰다.

- 충북참여자치시민연대에서는 위화감 조성에 초점을 맞추어 도정에 강한 불만을 표출하였고,
- 여성의 전화, 여민회 등에서도 환경문제보다는 도민 위화감 조성을 이유로 반대운동에 합류하였다.

일부 교수들의 반대운동 동조

소수 상위계층이 이용하는 골프장을 위해 공공기관이 투자하는 것은 부당할 뿐만 아니라 수익성도 불투명하며 민자 유치 방식에도 의문이 있다며 시민단체들의 반대운동에 힘을 실어 주었다.

예정지역 인근 주민들의 동향

일부 통장들은 시민단체 주장대로 환경오염, 위화감 등을 이유로 반대하고 있었으나 통장협의회를 중심으로 그동안 그린벨트로 인한 제약과 인근 공군비행장의 소음피해, 종축장의 폐수, 지역개발 소외에 대해 누적되어 온 불만표출과 함께 일단 반대함으로써 개발시 지역의 이익을 높여보자는 분위기도 있었다.

3

종합 레포츠단지로 기능 확대(1999. 10)

사업개요

골프장만으로는 반대 측을 설득할 명분이 없어 보임으로 다양한 계층의 시민들이 이용할 수 있는 시설로 바꾸기 위해 종합레포츠단지로 범위를 넓혔다. 이를 위하여 종축장 부지 외에 12만 평 정도의 인접 토지를 추가로 매입하여 20만 평 정도로 확장하고 대중골프시설 외에 스포츠타운, 노인 및 청소년 여가시설 등을 조성키로 계획을 변경하였다.[2] 여기에 소요되는 예산은 도비 330억 원과 민자 230억 원을 포함하여 총 560억 원이며 사업기간은 2000에서 2004년까지

2) 주요 시설을 보면 다음과 같다:
- Part 1에는 퍼블릭 코스, 골프연습장, 그라운드골프, 미니골프장과 아울러 조깅코스를 설치하고,
- Part 2에는 종합스포츠센터 및 체력단련실과 함께 특산품코너, 휴게실, 관리사무실을 둔다.
- Part 3에는 청소년을 위한 여가시설과 체육시설로서 농구, 배구, 테니스, 배드민턴, 롤러, 스케이트보드장, 야외무대 등을 설치하고,
- Part 4에는 야외수영장, 인공폭포, 유희시설 등을 설치하여 종합레포츠타운을 건설한다.

5개년 계획으로 하였다.

레포츠단지 사업계획 검토

본 계획의 타당성 여부를 확인하기 위하여 삼성에버랜드에 의뢰하여 검토한 결과 대중골프장의 손익판단은 운영 초년도부터 경상이익 확보가 가능하며 초기투자 회수는 7년차에 가능한 것으로 판단되었다. 그러나 Part 2의 종합스포츠센터는 투자비가 많이 들고 특별한 연계기능이 없는 한 도심에 비해 여건이 불리하여 사업성이 떨어지고, Part 3의 청소년 체육시설도 시설배치에 충분한 검토가 요구되며,

Part 4의 야외수영장과 유희시설도 사업성이 미약한 것으로 판단되었으므로 계획의 재검토가 필요하게 되었다.

재검토 방향

종축장 부지를 단순한 시민들의 스포츠 레저 공간만으로 활용하기보다는 국제화 개방화 시대와 인구 100만 도시로 성장할 도청 소재지의 위상에 맞추어 국제교류 공간 등 세계화 기반시설을 병행 건설하는 방향으로 콘셉트를 재설정하였다. 그리하여 대중골프장 등 레포츠공원과 아울러 특급호텔과 컨벤션센터 등 복합기능을 가진 단지로 추진하기로 함으로써 밀레니엄 타운 계획이 수립되었다.

4

밀레니엄 타운 계획(2001. 4)

밀레니엄 타운 계획 용역

2000년 1월 새천년을 맞으면서 청주국제공항으로 이어지는 관문지역에 레포츠와 국제교류기능의 기반시설이 계획된 종축장 부지를 '밀레니엄 타운'으로 명명하고 기본계획 수립을 위해 삼성에버랜드에 용역을 의뢰하였다. 연구용역 기간은 2000년 4월부터 2001년 4월까지 일 년이 걸렸으며 예산은 7억 6,600만 원이 소요되었다.

밀레니엄 타운 개발계획 개요

삼성에버랜드의 용역결과를 중심으로 기본계획이 수립되었다. 국제교류 및 문화관광 공간과 도민 여가공간으로 기본 틀을 설정한 본 계획은 17만8천 평의 부지 위에 3개 공간으로 구분하여 기능을 부여하고 총 투자비는 1,450억 원이 소요되는 것으로 예측되었다.

2개 주제 3개 공간으로 조성

인터내셔널 ZONE

- 컨벤션 호텔(12,000평)
  - 호텔: 비즈니스/관광겸용 숙박 공간/300실
  - 컨벤션홀: 호텔과 연계한 실내 복합컨벤션 공간/1,000명 수용
  - 주제광장: 호텔/컨벤션홀과 대응하는 옥외의 상징 공간
  - 부속정원: 호텔/컨벤션홀 이용자의 옥외 자연형 휴식 공간
  - 녹지: 주변공간의 공간적/경관적 완충 및 차폐 공간
  - 호텔주차장: 호텔/컨벤션홀 전용 주차 공간
  - 호텔진입도로: 단지 주 진입도로와 연결된 전용 진입도로(보차분리)
- 대중 골프장(97,000평)
  - 골프코스: 퍼블릭 골프코스/9홀, 파36, 전장 2,980m
  - 골프연습장: 코스이용 대기자 및 전천후 골프연습 공간/비거리 150m
  - 퍼팅그린: 퍼팅연습 및 오락 겸용 미니 골프코스/5홀
  - 클럽하우스: 골프 이용자를 위한 종합 서비스 공간

⊙ 조이월드 ZONE

- 조이월드 타운(35,000평)
  - 조이월드: 첨단영상/문화/쇼핑/식음이 있는 복합위락 공간
  - 이벤트광장: 조이월드와 대응하는 옥외 주제 공간
  - 인공호수/음악분수: 이벤트광장과 연계한 역동적인 친수 공간
  - 조이 플레이스: 10대들을 겨냥한 옥외운동/위락 공간(스케이트보드 등)
  - 피크닉/게이트볼장: 중장년층을 겨냥한 옥외 운동/위락 공간
  - 휘트니스코스: 자연 속에서의 운동/휴식/산책코스
  - 주차장: 대형, 소형, 서비스 주차/소형기준 750대
- 레이싱 카트장(9,000평)
  - 카트트랙: 국제대회 개최가 가능한 카트 레이싱코스/레저

겸용

- 관람스탠드: 카트트랙 관람 공간
- 서비스센터: 카트이용자를 위한 종합 서비스 공간

그린 ZONE

• 야생화 정원(7,000평)

- 야생화 언덕: 기존 지형을 이용한 자연형 야생화 서식 공간
- 야생화단: 관찰/학습이 가능한 야생화 서식 공간
- 자연형 연못: 자연성 강화 및 저류를 위한 수생식물 서식 공간
- 관찰데크: 자연훼손을 최소화하는 인공적인 자연관찰 공간
- 소광장/소로: 야생화정원 내의 자연관찰/학습/휴식/이동 공간

• 자연 수림대(18,000평)

- 침엽/활엽/지피: 기존 환경의 보존 및 보완을 통한 자연 공간

5
반대운동의 본격화

골프장 건설을 반대하며 성명서 발표, 항의시위 등을 계속해 오던 시민단체들은 밀레니엄 타운 계획이 발표 된 이후에도 계속해서 조직적으로 반대운동에 나섰다.

인근 주민들의 '골프장 건설반대 추진위원회' 결성(2001. 5. 7)

밀레니엄 타운과 인접되어 있는 오근장동의 주민자치위원장 등 각급 직능단체 대표 30여 명은 반대추진 위원회를 결성하고 충북환경련 등 시민단체와 연대하여 반대운동에 나섰다. 주민들은 골프장의 맹독성 농약, 지하수 오염, 주민과의 위화감 등을 이유로 골프장 건설을 반대하면서 환경단체의 주장대로 생태공원을 만들어도 지역발전을 저해할 뿐만 아니라 각종 규제가 예상되므로 이 또한 반대한다는 것이었다. 그러나 주민과의 합의 도출을 위해 간담회를 열어 줄 것과 골프장의 안전성 여부를 확인하기 위해 선진지 견학을 희망하는 것으로 보아 주민들에게 유리한 시책을 이끌어 내려는 의도를 보였다.

골프장 건설반대 도민대책위원회 결성(2001. 5. 17)

충북환경운동연합, 청주환경운동연합, 생태교육연구소, 충북자치참여시민연대 등 4개 단체가 주도하는 가운데 35개 시민단체 44명이 모여 위원회를 결성하고, 구 종축장 지키기 7만 7천인 서명운동, 도민의견 조사, 도청 앞 릴레이 항의 시위 등을 전개하였다.

도민대책위원회에서는 도지사에게 보내는 공개질의서에서 충북도의 골프장 건설계획을 백지화시키기 위하여 활동할 것임을 밝히면서 건설계획을 백지화하고 활용방안에 대하여 범도민적인 합의과정을 거칠 것을 요구하였다. 밀레니엄 타운 계획은 다름 아닌 골프장 건설계획이며, 신흥고등학교 옆에 교육환경 저해라는 사회적 물의를 일으키며 특급호텔 건립이 추진 중인데도 밀레니엄 타운에도 또 다른 특급호텔을 건립하는 것은 합당치 않다고 주장하였다.

또한 대중골프장은 특권층만을 위한 비공공적 시설로서 도민들에게 위화감을 조성할 뿐만 아니라 잘 되어도 문제, 안 되어도 문제이므로 공공기관의 투자 사업으로는 전혀 적합하지 않은 반환경적 반도민적 시설일 뿐이다. 그러므로 인위적 시설을 배제하고 토종생태공원을 조성해야 한다고 주장하였다.

각계의 비판적 시각 조성

일반 시민들은 거의 무관심에 가까우나 환경단체들의 주장과 반대활동이 보도될 때마다 도정에 대한 불신과 부정적 시각이 커 가는 한편, 지역경제 활성화 차원에서 조속한 밀레니엄 타운 건설을 요구하고 있는 경제단체들은 소신 있게 밀어붙이지 못한다는 시각에서 도정에 대해 비판적 시각을 드러내었다.

또한 도의회에서는 일부시민단체들의 반대가 있더라도 이해 설득시키면서 적극적이며 공격적으로 추진해 나갈 것을 주문하였고 언론들은 대체로 중립적 입장에서 사실보도를 하면서도 문제를 시원하게 해결하지 못하는 도정의 난맥상이란 시각에서 비판적이었다.

시민단체 공개질의 답변 요지

그린벨트 해제

정부 방침에 따라 청주권 그린벨트는 전면 해제가 확실시되며 그중에서도 밀레니엄 타운 일대는 도심에 근접해 있어 향후 공공건물이나 아파트 단지로 변모될 가능성이 매우 높은 지역이므로 자연환경을 최대한 보호하면서 일반 도민을 위한 스포츠 레저 공간으로 조성하는 것이 환경 보전이란 관점에서도 유리하다.

세계화 시대 경쟁력 육성

밀레니엄 타운은 100만에 육박하는 청주권 인구를 바탕으로 오창 · 오송 첨단산업 단지 및 청주국제공항 등을 연계하여 국제교류권역의 조성이 절실히 요망되고 있다. 세계화가 진전되면서 지구촌 각 지역에서는 경쟁력을 높이기 위한 개발사업이 시작된 지 오래되었다. 파리의 라데팡스, 상해의 푸동개발, 일본의 도쿄 프론티어 등 수

많은 프로젝트들이 도시의 기능과 모습을 바꾸어가고 있다. 이들은 한결같이 컨벤션시설, 텔리포트, 이벤트 홀, 다국적 기업 사무실, 스포츠 레저시설 등 국제적 활동에 불편 없는 시설들을 갖추고 있다. 이들에 비하면 밀레니엄 타운 계획은 너무나도 왜소하고 때도 늦었지만 미래로 나아가려면 지금이라도 시작해야 한다.

당 부

현재 시점에서 보면 골프장은 정서상 위화감이 있을 수 있으나 초기 질시의 대상이었던 테니스가 대중스포츠가 되었듯이 골프도 대중 스포츠로 이해될 때가 올 것이다. 진보와 발전은 현재의 시각과 관념을 뛰어 넘을 때 크게 이룰 수 있으므로 미래를 내다보는 장기적인 안목에서 협조해 줄 것을 요청한다.

6

골프장 건설유보 및 타운 계획 조정

골프장 유보 발표(2001. 6. 4)

그러나 관점의 차이는 좁혀지지 않은 채 계속되는 시민단체들의 반대에 부딪혀 골프장 건설뿐만 아니라 이와 연계되어 있는 그린벨트 조정을 비롯한 도시계획 재정비 사업까지 진척되지 못하고 있었다. 그리하여 밀레니엄 타운내의 대중골프장 조성계획을 일단 유보시킴으로써 관련 업무 진행에 지장이 없도록 하고, 최대 역점 사업인 바이오 엑스포를 먼저 치룬 후에 공청회 등 도민의 여론수렴을 거쳐 사업내용을 결정하기로 하였다. 이러한 결정을 하게 된 것은 다음 두 가지 당면 사업의 추진과 도정에 대한 신뢰 손상을 막기 위해 더 이상 지체 할 수 없었기 때문이었다.

도시계획 재정비 작업

2000년에 접어들면서 정부에서는 전국 대도시 주변 개발제한구역의 해제나 조정 작업을 진행시키면서 광역도시계획권역도 조정하였다. 이때 중앙도시계획위원회에서는 대전권과 청주권을 통합하여 하나의 광역권으로 의결하였으나 충청북도에서는 이를 수용치 아니하고 청주권을 분리하여 독자권역으로 설정토록 중앙도시계획위원회의 심의의결을 다시 받아내었다. 이에 따라 청주권 광역도시계획안과 청주도시기본계획안이 청주 외곽을 둘러싼 그린벨트 전면해제 작업을 포함하여 신속하게 진행되고 있던 중에 밀레니엄 타운 내의 골프장 건설 시비로 도시계획 재정비사업이 진척되지 못하고 있었다.

오송 국제 바이오 엑스포 개최

바이오 엑스포 개최 예정지인 구종축장 부지밀레니엄 타운는 청주권 개발제한구역 내에 있어 이의 해제가 선행되지 않는 한 엑스포 개최는 불가능해진다. 그런데 엑스포 개최는 2002년 9월로 예정되어 있어 불과 1년 남짓한 시간밖에 남아 있지 않으므로 골프장 건설 문제로 개발제한구역 해제를 위한 도시계획 재정비 작업을 더 이상 늦출 수 없는 상황이 되었다.

도정에 대한 신뢰 손상

환경단체를 중심으로 한 반대활동은 수시로 뉴스거리가 되어 도정의 이미지를 부정적으로 만들면서 현안사업들의 진척을 가로막고 있었다. 또한 당시에는 각계의 도민들이 힘을 모아 해결하기 위해 나서고 있는 현안문제 여러 가지가 동시에 진행되고 있었다. 바이오 엑스포를 비롯하여 호남고속철도 오송 분기역 유치, 오송 생명과학단지의 보상과 조기 착공, 공장 총량제를 둘러싼 수도권과의 줄다리기, 85회 전국체전 준비, 문장대 용화온천 개발 저지 등 현안문제

해결에 시민단체들이 대거 참여하고 있는 상황에서 도정에 대한 신뢰 손상과 도민 역량의 분열은 결코 바람직하지 못하였다.

밀레니엄 타운 단지조성계획 용역

밀레니엄 타운 계획 중에서 대중 골프장 부분만 유보하고 나머지 부분에 대하여는 단계별로 구분하여 실시키로 하고 청주광역권 도시계획 공청회6. 20와 청주도시기본계획공청회6. 19에는 밀레니엄 타운 조성 용역계획[3]을 명시하여 진행하였다.

본 용역계획은 바이오엑스포 개최를 위한 시설물 설치 등 사안의 시급성을 감안하여 엑스포 소요 부지 10만 6천 평에 대하여는 도시계획 재정비 등 행정절차를 2001년 말까지 마무리하여 행사 진행에 차질이 없도록 하고 유보된 부지 7만 2천 평은 우선 녹지시설로 지정해 놓고 추후 각계의 의견 및 검토를 거쳐 2002년 말까지 마무리 하도록 함으로써 당면한 현안 과업은 진행시키면서 분쟁은 뒤로 미루는 소극적 방법을 택하였다.

---

3) ① 사업개요
- 사업명: 밀레니엄 타운 조성사업
- 위치: 청주시 상당구 주중동 구 종축장 부지 일원
- 면적: 588,430평방미터(178천 평)
- 사업기간: 1단계(2000~2002)—바이오 엑스포
  2단계(2003~2005)—조이월드타운, 그린존
  3단계(2006~2010)—호텔 및 컨벤션시설, 유보지 활용
- 사업비: 1,357억 원(공사비 860, 보상비 등 497)

② 밀레니어타운 조성 용역(2001, 6, 28)
- 용역범위: 단지 조성계획, 통합영향 평가, 실시설계
- 도급업체: 삼안건설기술공사
- 도급액: 929,500천 원

통합영향평가 주민설명회(2001. 10. 12)

밀레니엄 타운 조성에 따른 통합영향평가 설명회가 타운 인근 오근장동 사무소에서 관련 주민을 상대로 개최되었으나 농번기라 15명 정도의 주민만이 참여하여 대부분 반대의견을 개진하였고 대중골프장 건설을 유보해 놓고 나머지 개발계획은 계속 추진되는 데 대하여 불만을 나타내어 진행이 어렵게 되기도 하였다.

갈등국면의 지속

골프장 건설반대 도민대책위원회

청주환경연합, 충북참여자치시민연대 등으로 구성된 대책위원회에서는 진행중인 청주권광역도시계획안과 청주도시기본계획안에서 밀레니엄 타운 계획 삭제를 요구하며 청주시장을 방문하고 도지사 면담을 요청하였다. 또한 실시설계용역 강행을 중단하라는 성명서를 발표하고 규탄 캠페인을 벌이면서 밀레니엄 타운 조성사업과 환경, 교통, 재해영향평가에 따른 공청회를 무산시키기까지 하였다. 그러나 바이오 엑스포 개최를 위해 사용 부지를 상당부분 변형시켰으나 시민사회단체는 크게 문제 제기를 하지 않았다.

충청북도 의회

도의회 의원 대부분은 집행부에 대해 밀레니엄 타운 계획은 시민단체의 반대를 극복하고 적극적으로 소신 있게 추진할 것을 촉구하고 있었는데 2001년 8월 19일 1차 임시회의에서 박 모 의원은 5분 발언을 통하여 밀레니엄 타운 사업 강행을 촉구하고 나섰다. 이에 대해 도민대책위에서는 "박ㅇㅇ의원의 망언을 규탄한다"는 성명서를 발표하고 상임위 사무실로 항의 방문까지 하였다.

도시계획 결정고시

시민사회단체와의 갈등이 지속되는 가운데에도 도시계획재정비 사업은 꾸준히 진행되어 2002년 1월에는 개발제한구역 해제작업이 완료됨으로써 밀레니엄 타운도 그린벨트에서 벗어나게 되어 바이오엑스포 준비를 위한 시설공사에 착수하게 되었다. 동년 2월에는 밀레니엄 타운을 포함한 청주도시계획 결정고시가 이루어져 도시계획 재정비사업은 일단락되었으나 반대운동은 계속되었다.

충북개발공사 설립

밀레니엄 타운 등 지역개발사업을 추진해 나갈 충북개발공사 설립을 위한 조례가 마련되고2005. 9. 5 이어 자본금 출자도 이루어졌다. 자본금은 총 351억 원으로 현금 출자 203억 원과 토지 148억 원 상당으로 구성되었다.

바이오 교육문화회관 건립

2002년 9월의 바이오엑스포가 성공적으로 끝난 후 전시물의 교육적 효과를 높이 평가한 교육부장관이상주이 250억 원을 지원함에 따라 밀레니엄 타운 내에 바이오교육문화회관을 건립하기로 하고 주요 전시물과 아울러 교육자료를 설치함으로써 청소년들의 바이오 교육장으로 활용키로 하였다.

민간 투자사업 기본계획(2006. 2. 24)

밀레니엄 타운 내 민자 유치 사업의 적정성과 타당성 용역을 다시 거쳐2004. 9. 4억1,700만 원 한국개발연구원에KDI 의뢰하여 공모계획안이 작성되고 충북개발공사가 개청되면서 밀레니엄 타운 개발업무를 전담하게 되었다.

7

평 가

밀레니엄 타운 개발계획은 많은 인력, 시간, 예산을 들이면서도 제자리를 맴 돈 진형적인 실패사례로써 다음과 같은 여러 가지 문제점을 들 수 있다.

기본 구상과 계획의 부실

종축장 이전2000. 10을 앞두고 당해 부지77,420평의 활용방안으로 대중골프장 조성계획을 세웠다가 시민단체의 반대 등 장애요인이 발생하자 종합레포츠단지로 변경시키고 이를 다시 밀레니엄 타운 건설계획으로 확대시키는 등 일관성 있는 계획이 되지 못하였다. 이는 출발 단계부터 확실한 목표의식과 반드시 달성하겠다는 의지가 결여된 계획이었다.

여건 경시와 안이한 대처

종축장이 이전해 간 부지에 골프장을 조성하여 시민들이 저렴한 비용으로 이용할 수 있게 하고 아파트 단지 등 난개발을 방지하겠다는 구상은 건전한 것이었다. 그러나 골프에 대한 일반 주민들의 거부감과 골프장은 바로 환경파괴라는 사회적 인식을 과소평가하였다. 특히 국민의 정부 출범 이후 높아진 환경에 대한 인식과 시민단체들의 영향력이 획기적으로 커지고 있었다. 이러한 행정여건의 변화에도 불구하고 관련단체들의 설득이나 의견 수렴 없이 일방적으로 발표한 골프장 건설계획은 순탄할 수 없었다. 비유하자면 건조한 모래밭에 관개시설 없이 작물을 심은 것과 같았다.

과도한 용역의존과 예산 낭비

중요한 과제에 대하여는 전문가들의 지식과 지혜를 활용코자 연구용역을 실시하게 되고 결과 또한 성공적인 경우가 많다. 그러나 당사자의 의식 여하에 불구하고 때에 따라서는 정해 놓은 방침을 합리화하거나 전문가의 힘을 빌려 어려운 국면을 벗어나려는 용도로 활용될 가능성도 없지 않다.

본 사례에서는 밀레니엄 타운 기본계획 용역, 밀레니엄 타운 조성계획 용역, 민자유치의 적정성과 타당성 용역 등 여러 차례의 용역을 거치면서 16억 9,200백만 원의 예산이 소요되었으며 3만 4천여 평의 토지매입비로 168억 원이 투입되었다. 특히 여러 차례의 용역을 거친 것은 반대자들에게 공무원들의 독단적인 결정이 아니라 전문가들의 객관적인 판단에 따랐다는 것을 강변코자하는 의도가 포함되어 있을 뿐만 아니라 사업 구상에 대한 소신과 자신감이 결여되어 있어 '팔려가는 당나귀' 와 같은 인상을 주었다.

사업의 우선순위와 관심도

절실하게 필요하거나 꼭 해결해야 할 중요한 문제일 때에는 돌파력이 생긴다. 특히 기관장이 강한 의지를 보이거나 진두지휘하는 사업은 직원들도 최선을 다하며 돌파해 나간다. 그러나 이루어지면 좋고 안 이루어져도 대세에 큰 영향이 없을 때에는 정열을 쏟지 않으며 직원들은 안전한 길을 찾으며 소극적인 자세를 갖게 된다. 당시 상황으로 보면 바이오 엑스포, 청주광역권 설정, 그린벨트 해제, 호남고속철도 오송분기역 유치 등 중요한 현안과제들이 동시에 진행되고 있었다. 그러나 밀레니엄 타운 사업은 필요한 사업이기는 하나 시급을 요하는 사항이 아닐 뿐더러 시민단체들의 반대 또한 만만치 않으므로 앞으로 나가기도 힘들고 그렇다고 후퇴할 명분도 찾기 어려운 뜨거운 감자와 같은 존재였다.

비전문직 공무원

골프장이나 신도시건설 등은 전문적인 식견과 경험은 물론 일에 대한 열정이 있어야 한다. 그러나 업무를 담당했던 도청의 공무원들은 당해 분야에 경험이 없는 비전문가들이며 성취동기 또한 강할 수 없었다. 그러므로 구상과 계획, 실행방법까지 전문가들에게 의존

할 수밖에 없으므로 고비를 만날 때마다 용역에 의존하면서 예산과 시간만 낭비해 버린 결과가 되었다.

밀레니엄 타운 사업 전면 재검토(2006. 7)

민선 2~3기 도지사가 퇴진하고 민선 4기 도지사가 새로이 취임하면서 선거시에 공약한 바에 따라 지지부진한 밀레니엄사업 재검토에 착수하였다.

교　훈

그러나 밀레니엄 타운 계획은 논의가 시작된 지 십년 가까운 세월이 흘렀지만 이러한 복합적인 요인으로 아직도 제자리를 맴돌며 궤도에 진입하지 못하고 있다. 초기에 단순하고 부실하게 시작된 계획이 상황에 따라 흔들리면서 아무런 성과도 거두지 못한 채 많은 시간과 인력과 예산을 낭비한 것을 뒤돌아보면 부끄러운 생각이 든다. 지금 현장에는 바이오교육문화회관만 새로 지어지고 엑스포 상징탑만 외롭게 서있을 뿐 국제수준의 비즈니스 시설과 시민들이 푸른 초원을 거닐며 여가를 즐기는 밀레니엄 타운의 꿈은 요원하기만 한 모습에서 또 하나의 교훈을 찾아야 하겠다.

Leadership

13

사례 종합 분석

정책기업가로서의
이원종 전 충북도지사

1

기업가(Entrepreneur)의 의의

현대 국가에서 기업가 없는 국가발전은 생각하기 힘들다. 기업가야말로 일자리를 만들고, 경제를 성장시키고, 국부를 창출하고, 국가경쟁력을 높이는데 있어 중추적인 역할을 담당하는 중요한 사람들이다. 그만큼 기업가는 경영학, 경제학, 정치학, 행정학, 사회학, 심리학 등 다양한 학문 영역에서 관심을 갖는 연구대상이다. 하지만 학문적으로 엄격한 개념이나 이론화가 이루어지지 않은 상태이며 그동안 사례연구를 통해 기업가 내지 기업가 정신이 정치, 행정, 경제, 사회의 변화에 중요한 역할을 하고 있음이 부각되어 왔을 뿐이다. 기업가에 대한 이론화가 이렇게 어렵고 늦은 가장 중요한 요인은 주류 경제학인 신고전경제학에서 기업가의 역할을 이론에 수용하지 않았기 때문일 것이다.

신고전경제학과 기업가

사회과학 영역에서 가장 정치精緻한 이론을 가지고 있다 할 수 있는 신고전학파 경제학Neo-classical economics은 완전경쟁을 전제조건으로 성립하는 학문이다. 다수의 소비자와 생산자가 있고, 소비자는 제품에 대한 완벽한 정보와 명확한 선호를 가지고 있으며, 시장 진입의 장벽이 없다는 등의 가정이 그러한 조건에 포함된다. 또한 이러한 완전경쟁 상태에서 소비자와 생산자는 각자 효용을 극대화하는 방식으로 행동할 것을 전제하고 그 결과 회소한 자원이 가장 효율적으로 배분된다고 본다. 이러한 상황에서는 이미 시장에 진입하여 있는 경제주체나 새로 진입을 원하는 경제주체 모두 기존의 시장조건경쟁가격, 균형가격을 받아들일 뿐이지 새로운 전략적 선택의 여지가 없게 된다. 설사 초과이윤이 발생한다 하더라도 곧바로 새로운 시장진입이 이루어지고 초과이윤이 사라진 정상이윤normal state의 안정균형상태로 돌아가게 된다. 신고전학파 경제학은 효용극대화의 원칙에 따라 움직이는 경제인economic man, homo economicus을 포함해서 현실적인 경제현상과 괴리가 있는 이러한 가정을 통해서 연역적으로 이론화하는데 성공한 학문이다. 즉, 수요와 공급의 경제현상에 영향을 미치는 현실적인 많은 요소들을 상수(常數)로 간주하게 되는데 기업인 역시 이 상수에 포함시킴으로써 경제주체로서의 역할을 부여받지 못한 것이다Schneider, Teske, & Mintrom, 1995. 주류 경제학에 편입되지 못한 채 소수의견에 머물러 있었던 것이다.

이러한 신고전학파의 경제이론을 비판하고 기업인의 역할을 인정한 대표적인 학자가 슘페터이다. 슘페터는 기본적으로 경제현상이 다수의 경제주체들간에 균형이 이루어진 안정상태가 아니라 변화가 이루어지는 불균형의 역동적인 상태로 이해한다. 경제를 역동적으로 변화시킬 수 있는 중심에 기업가의 역할을 강조한다Schumpeter, 1934. 신고전학파는 경제 변화의 가장 중요한 역할을 하는 기술을 외생변수로 간주할 뿐 이론에 수용하지 않은 것이다.

그러나 시장은 신고전학파가 가정하듯이 완벽한 것이 아니라 경제주체들의 정보가 제한적이고 자원 배분이 왜곡되는 등의 불완전한 상태가 더 일반적이다. 이러한 시장에서 기업가는 새로운 이윤을 창출할 수 있는 기회를 얻게 되고 기존과는 다른 혁신적인 기술을 활용하여 이윤을 현실적으로 구현하는 중요한 역할을 한다. 따라서 불확실성이 높을수록 시장의 역동성이 커지고 기업가는 선견지명의 혁신적인 아이디어와 행동으로 더 많은 경제적 가치를 얻을 기회를 가질 수 있다Grebel, 2004, chapter 3.

슘페터에게 있어 기업가는 창조적 파괴creative destruction를 통해 기존의 균형상태를 깨는 사람이며, 혁신적인 아이디어의 개발과 이를 행동으로 옮기는 실천력을 가진 사람이다. 그에게 있어 혁신은 새로운 제품의 출시, 새로운 생산방식의 도입, 새로운 시장의 개척, 새로운 원료나 요소의 사용, 새로운 산업조직을 창립하는 행동Schumpeter, 1934: 66을 의미하는데 이러한 혁신은 우연히 이루어지는 것이 아니라 기업가의 실험정신과 실행력으로 가능하다고 본다Grebel, chapter 3.

신고전경제학의 기본 가정에 대한 비판과 기업가 역할

현실 경제에서는 신고전경제학이 가정하는 것과는 달리 시장에 대한 정보가 완전하지 못하며, 공급자가 소수인 경우도 많고, 제품과 서비스가 다양한 경우가 많다. 뿐만 아니라 진입과 퇴출의 장벽이 있고 시장이 불균형 상태에 놓이곤 한다. 이러한 시장 상황에서는 기업가의 적극적이고 전략적인 노력이 중요한 변수로 등장할 수 있다 Schneider, Teske & Mintrom, 1995.

불완전한 정보

경제 현실에서 생산자가 직면하는 가장 큰 문제는 불확실성, 불완전한 정보일 것이다. 각종 특허 등 생산기술에 대한 재산권이 보장되어 있기 때문에 시장에서 이들 지식의 완전한 공유가 불가능하다. 소비자 기호나 소비 행태 그리고 제품 가격 또한 불확실성 속에서 끊임없이 변동하는 것이 현실이다. 따라서 보다 정확한 지식, 기술, 정보를 확보하고 소비자 행태나 가격을 예측하여 그에 따라 전략적으로 행동하는 것이 매우 중요하다. 생산활동의 주체가 시장에 대한 완벽한 정보를 가지고 있다는 신고전학파의 가정을 완화하는 순간 기업은 불확실성과 위험 속에서 현명한 전략적 선택을 해야 하고 그만큼 기업가의 역할이 부각될 수 있다Schneider, Teske & Mintrom, 1995.

생산활동의 주체인 회사 또한 단순한 생산함수에 따라 움직이는 것이 아니라 매우 복잡한 인간관계를 가진 개인들의 집합체이다. 이들이 수행하는 과업을 어떤 방식으로 분화 · 통합시키느냐, 과업을 담당한 사람들을 어떻게 감독하고 서로 협력할 수 있도록 만드느냐에 따라 관리비용이 달라지고 이윤에 영향을 미친다. 불행하게도 사람과 조직을 가장 효율적으로 관리하는 방식은 초기 관리이론의 하나였던 분업의 원리 이래 아직도 계속 탐구되고 진화되고 있는 중이다.

생산 조직을 정치, 경제, 사회 등의 거시적 차원에서 이해하는데 유익한 개념이 거래비용이론이다Williamson, 1975. 이 이론에 따르면 생산활동에 참여하는 다양한 주체들은 생산활동의 어느 부분까지를 직접 관여하고 어느 부분을 외부 시장에서 계약을 통해 확보할 것인지를 거래비용 최소화 차원에서 결정하게 된다. 그런데 그 결정은 늘 위험부담을 안고 있고 그 원인은 불완전한 정보라 할 수 있다. 직접 관여할 때는 조직구성원의 도덕적 해이와 이들에 대한 감독 · 관리의 비용이 수반되고 시장에서 계약할 때에는 계약 상대방에 대한 불완전한 정보로 불리한 입장에서 결정을 내려야 한다.

결국 생산주체는 완전한 정보에 따라 시장의 조건에 단순히 순응하는 것이 아니라 제한된 정보를 가지고 거래비용을 최소화하기 위한 전략을 개발해야 한다. 생산 주체 내부의 기업가가 더 이상 상수가 아니라 기업 이윤을 결정하는 독립변수가 되는 것이다. 불완전한 정보, 불완전한 시장은 새로운 이윤을 창출할 수 있는 기회를 제공하고 기업가는 그러한 기회를 놓치지 않고 위험을 감수하는 사람이다.

단일 또는 소수의 공급자

현실에서는 완전경쟁이 전제하는 다수의 수요자와 공급자의 가정을 만족시키지 못하는 상황이 많이 존재한다. 특히 공급자의 수에 따라 경쟁시장 이외에 과점시장과 독점시장이 존재한다. 다만 이 경우에도 독점시장의 경우 한계비용과 한계수입이 일치하는 점에서 재화의 가격과 공급량을 결정함으로써 독점이윤을 극대화한다는 이론을 제공함으로써 기업가의 전략적 선택에 의한 이윤 가능성을 배제시키고 있다Schneider, Teske & Mintrom, 1995: 27-28.

현실에서 가장 많이 접하는 시장은 완전경쟁과 독점의 중간에 위치한 과점시장이라 할 수 있고 기업가의 전략적 선택의 중요성이 부각되는 영역이다.

> 과점시장에서 공급자는 그들 자신이나 경쟁상대가 가격 또는 공급량을 변화시키면 시장에서 모든 공급자의 이윤이 영향을 받을 것이라는 것을 인식한다. 공급자들은 상호역학관계를 잘 알고 있는 것이다. 한 기업의 가격 또는 공급량 변화가 경쟁 기업도 그에 대한 대응을 하게 만들 것이다. 과점시장에서 개별 공급자는 경쟁자들의 대응을 반드시 고려하여야 한다. 경쟁 기업이 어떤 방식으로 가격, 공급량, 영업전략을 정할 것인가에 대한 예측은 기업의 선택에 아주 중요한 결정요인이 된다Hyman, 1989, 421; Schneider, Teske and Mintrom, 2005: 28 재인용.

제품과 서비스의 다양성

제품이 모두 동질적이라면 오직 가격만이 변수로 작용하고 그 가격도 경쟁에 의해 결정된다면 기업가의 전략적 선택의 여지는 제한적일 수밖에 없다. 하지만 불완전한 정보에서 언급한대로 제품 생산의 정보가 동시적으로 공유되지 않기 때문에 제품의 차등이 있기 마련이다. 동질적인 제품의 시장이 크게 형성되어 있을 때 시장 진출의 유용한 전략은 유사한 제품을 만들어 경쟁하기보다 오히려 기존의 제품과 차별성을 가진 제품으로 새로운 틈새 시장을 개척하는 전략이 더 효과적이라는 주장이 오히려 설득력을 얻고 있다김위찬, 르네 마보안, 2005. 이와 같이 차별화된 제품으로 새로운 시장을 개척하는 전략적 결정에는 기업가의 주도적 역할이 강조될 수밖에 없다.

물론 시간이 지남에 따라 틈새 시장의 불확실성이 줄어들고 초기 제품 생산의 기술이나 시장개척 전략이 점차 공개되면서 다른 경쟁기업도 모방과 학습을 하게 되고 경쟁우위도 사라질 것이다. 결국에는 초기 제품 차별화와 신시장 개척으로 얻게 되던 이윤은 시장의 정상적인 이윤 수준에서 균형을 이룰 것이다. 기업가는 그런 균형이 찾아오기 전에 또 다른 기술혁신을 이루고 새로운 수요층을 창출하는 기업가 정신을 통해 이윤을 지속적으로 추구하는 사람이다 Schneider, Teske & Mintrom, 1995.

진입과 퇴출의 장벽

신고전학파 경제이론은 시장에서 초과이윤이 존재하는 한 경쟁기업이 동일한 제품을 생산하며 아무런 장벽 없이 시장에 진입할 수 있다고 가정한다. 시장 진입의 장벽이 없는 상태에서 기존의 기업은 진입이 불가능할 때 가능한 초과이윤을 얻을 수 없게 된다. 이 말은 이윤 극대화의 동기에 의해 움직이는 기존의 기업으로서는 어떤 형태로든 시장 진입을 어렵게 하기 위한 방법을 동원할 수 있다는 의미이기도 하다 Schneider, Teske & Mintrom, 1995: 32. 예를 들어 규모의 경제, 브랜드 파워, 단골 고객 확보, 유리한 공급망 확보, 유리한 원자재 확보, 우호적인 정부 정책 등을 들 수 있다 Porter, 1980, Schneider, Teske & Mintrom, 1995: 32 재인용. 퇴출의 가장 큰 장벽은 매몰비용이라 할 수 있다. 시장에서 철수하고자 할 때 회수하지 못하는 매몰비용 sunk cost 이 크면 클수록 자유경쟁은 비례하여 어렵게 된다. 시장진입이 자유롭다 하더라도 이러한 매몰비용이 크다면 진입의 장벽 역할을 할 것이다. 쉬운 예로 중국이 신규 기업을 유치하면서 각종 혜택을 주면서 진입을 유도하지만 기업을 철수할 때에는 각종 규제에 의해 투자한 자본을 회수하기 어렵게 하고 있기 때문에 중국 진출을 망설이는 것과 같다. 진입과 퇴출의 장벽이 전혀 존재할 수 없다면 기업가의 역할은 제한적이다. 하지만 일반시장에서 기업가는 잠재적인 경쟁기업이 시장에 진입하지 못하도록 진입과 퇴출에 있어 다양한 수단을 전략적으로 활용하는 것을 시장에서 흔하게 관찰할 수 있을 것이다.

불균형 시장

앞서 언급한 대로 완전경쟁의 상태는 균형과 안정을 중요한 특성으로 한다. 하지만 이러한 완전경쟁의 상태에 이르기까지는 지속적이고 역동적인 변화와 조정의 과정을 필요로 한다. 완전경쟁의 최종 상태가 아니라 그것에 이르는 역동적인 과정에 초점을 맞추면 시장은 균형보다는 불균형의 특성이 더 강하다. 설사 균형상태에 있다 하더라도 슘페터가 주장한대로 새로운 아이디어나 기술혁신에 의해 균형상태는 무너지고 불균형 상태가 나타나게 된다.

기업가의 중요성은 이러한 불균형의 역동적인 변화에서 찾을 수 있다. 시장은 일정한 규칙에 따라 기계적으로 움직이는 것이 아니라 생산기술이나 소비자의 기호 등이 끊임없이 변하는 역동적인 과정이다. 그 변화의 일부는 기업가에 의해 주도된다고 보는 것이 보다 현실적이다. 신고전학파는 기업가를 시장의 변화를 종속적으로 수용하는 사람으로 가정한다. 하지만 신고전학파를 비판하는 입장에서는 기업가를 시장에서 이익을 창출하는데 보다 유리한 전략적 선택을 하고 상당히 독립적으로 행동하는 사람으로 보는 것이다Schneider, Teske & Mintrom, 1995: 34.

정부에서 기업가 역할의 가능성: 경제학적 시각

다수의 공급자와 수요자 사이에 재화와 서비스가 거래되는 곳을 시장이라 한다면 정부와 국민 사이에 상호 선호가 거래되면서 정책이 형성되는 과정 역시 시장의 원리를 적용하여 설명해볼 수 있을 것이다. 민간부문에서 기업가의 중요성은 당연한 것으로 받아들이지만 정통 경제이론의 가정을 완화시킬 때 비로소 그 역할의 가능성을 수용할 수 있었다. 완전경쟁시장의 조건이 충족되지 않는 정부의 경우에 이러한 기업가적 역할이 어떻게 수용될 수 있는지 알아본다.

불완전한 정보

정부부문에서 정보의 불완전성은 민간부문보다 더욱 심각하다. 우선 재화의 특성이 비배제성과 비경합성을 가지고 있어 가격결정이 곤란하기 때문에 가격에 대한 정보가 불확실하다. 특히 정부 정책은 가치 배분의 성격을 가지고 있고 이는 필연적으로 다양한 이해관계자를 만들어내게 된다. 이러한 다양한 이해의 갈등을 최소화하기 위하여 정책목표를 불명확하게 정의하는 경우가 많다. 정부 정책이 전달하는 메시지가 이해당사자들마다 다르게 해석될 수 있는 것이다. 이해가 다양할 뿐만 아니라 표현되지 않은 다수의 잠재적 이해도 있다. 이러한 불확실하고 다양한 이해에 대한 불완전한 정보 하에서 수요와 공급의 자율조정 기제가 작동할 수가 없으며 정책결정자의 관여가 필수적이다.

정부에서 불완전한 정보가 가장 문제되는 것은 정책문제와 그 문제를 해결하기 위한 대안에 관한 것이다. 특히 환경의 불확실성이 높고 변화의 속도가 그 어느 때보다 빠른 상황에서 정부가 직면하는 문제는 과거에도 반복적으로 발생한 그런 정형화된 것이 아니라 전례가 없는 새로운 문제상황이다. 문제가 어디에 있는지, 문제의 원인이 무엇인지에 대한 정확한 정의가 어렵고 그 문제를 해결하기 위한 타당한 답을 찾기 어렵다. 이 또한 정책결정자의 역할이 중요함을 암시하는 것이다. 특히 1980년 대 이후 신자유주의의 영향을 받아 정부에서도 민간부문의 경쟁원리를 도입하기 시작하면서 정책결정자에게도 민간부문의 기업가적 역할을 강조하게 되었다. 즉, 성과와 고객지향의 관리, 민영화와 민간위탁 등의 정부개혁을 추진하면서 민간부문의 기업가에서 찾아볼 수 있는 혁신 아이디어와 기업가적 리더십이 정부에서도 강조되고 있다. 또한 중앙정부와 지방정부의 관계에서 중앙집권적 권한이 점차 지방정부로 이양되면서 지방정부의 단체장에게 더 많은 재량권이 주어지고 그 재량권 행사에서 기업가의 특성을 보여줄 것이 기대되고 있는 것이다.

중앙정부: 단일 공급자

공급자와 수요자의 수에서 정부는 독점을 특성으로 한다. 특히 중앙정부는 독점의 지위가 확고하다. 다만 지방자치단체의 경우 중앙정부가 제공하는 재원을 확보하는 과정에서 타 자치단체가 경쟁대상이 된다. 중앙정부의 배분정책의 경우 지방자치단체로서는 정책에 대한 비용을 지불하지 않고 혜택을 보는 형태이기 때문에 자치단체간 경쟁은 더욱 치열할 수밖에 없다. 또한 자치단체가 주민들에게 재화와 서비스를 제공하는 차원에서도 지방자치단체간 어느 정도의 경쟁이 가능한 과점시장을 가정할 수 있다. 미국의 경우 교육, 주택,

복지 등의 서비스 차별화를 통해 인구 유입을 유도하고 이를 통해 더 많은 세수를 확보하는 등의 경쟁이 자치단체간 발생한다. 미국에 비해 우리나라는 자치단체간 차별적 서비스가 많지 않지만 산업단지를 조성해서 기업을 유치하는 등의 경우에 경쟁이 충분히 존재하고 있다. 중앙정부와의 관계나 기업유치 등의 측면에서 지방자치단체간의 상호 견제와 경쟁이 유발되고 이 때 자치단체장의 전략적 선택이 중요하고 민간부문의 기업가가 자본을 유치하는 과정에서 보여주는 기업가적 행동이 유용할 수 있을 것이다.

제품과 서비스의 다양성

제품과 서비스의 다양성 측면에서 정부는 어떠한 특성을 가지고 있는가? 우선 중앙정부의 독점적 성격에서 다양성은 결여되어 있다. 지방자치단체의 경우에 지방자치가 활성화되고 오랜 역사를 가진 국가에서는 자치단체별 차별화된 서비스가 다양하게 제공되고 있지만 그런 역사가 일천한 우리나라의 경우 다양성은 미흡한 편이다. 특히 차별화 기술을 비밀로 유지할 수 있는 민간기업과는 달리 정부는 기본적으로 정보를 공개하고 공유해야하는 특성상 정책이나 서비스의 다양성은 줄어들 수밖에 없다. 이때 중요한 것은 다른 자치단체와의 경쟁이 아니라 새로운 아이디어가 주민들에게 공개됨으로써 이에 반대하는 사람들의 조직적인 반대를 극복하고 지지 세력과 아이디어를 공유하고 지지를 확보하는 것이다Schneider, Teske & Mintrom, 1995.

제품의 서비스와 다양성의 측면에서 민간기업과 공공부문에서의 기업가가 문제에 접근하는 방식은 차이가 있지만 두 분야 모두 새로운 아이디어를 구상하고 구체화하여 제품 구매자를 확보하거나 정책아이디어 지지자를 확보하는 기업가적 행동에서는 공통점을 찾을 수 있을 것이다.

진입의 장벽

정부 분야에서도 진입과 퇴출의 장벽이 존재한다. 특히 선출직의 경우 그들에게 유리하고 신인의 진입을 어렵게 하는 선거제도를 만들거나 유지하려는 동기가 발생한다. 현직의 선출직 공무원은 정부예산으로 자연스럽게 정부홍보를 할 수 있고 그것은 개인의 업적 홍보 효과를 가져 올 수 있다. 또한 자치단체장의 경우 각종 지역행사에 참여하여 유권자와 접촉하고 지지를 얻어 낼 수 있다. 매몰비용 또한 진입의 장벽을 형성한다. 선거에 출마하였다가 낮은 득표율로 선거비용을 회수할 수 없을 때 출마 자체를 제한하는 장벽으로 작용하게 된다. 우리나라의 경우 선거기간이 매우 짧아 신진의 진출에 불리하다거나 단체장이 행정 부단체장을 임명할 때 자신과 향후 경쟁 가능성이 있는 사람을 기피하는 것도 진입의 장벽이라 할 수 있겠다. 물론 이러한 진입 장벽을 치기 위한 기업가적 행동은 장려할 수 없을 것이다. 때문에 정부부문에서 기업가의 역할을 강조한다면 민간부문에서 상품의 브랜드화를 통한 진입장벽과 같이 다수 국민주민의 지지를 얻는 정책을 개발하고 정책효과를 보여주는 것일 것이다. 이러한 혁신적인 정책아이디어와 정책성과를 거두는 측면에서 정책기업가의 역할은 더욱 중요할 수 있다.

불균형 시장

정부는 시장에 비해 훨씬 안정적이고 균형상태에 있는 것으로 보인다. 특히 미국과 같이 정치제도가 안정적인 국가에서는 제도의 안정뿐만 아니라 진입의 장벽에 의한 선출직 공무원의 교체가 제한적이고 정책의 변화도 심한 편이 아니다. 그러다 보니 정책결정의 중요한 특성으로 점증주의 모형이 타당성을 인정받기도 한다. 또한 '철의 삼각' 이나 '하위정부' 모형에서 암시하듯이 정책결정에 참여하는 중요한 주체들이 상당히 안정적이고 지속적인 관계를 유지하면서 그들에게 유리한 정책을 유지시키고 변화에 조직적으로 저항한다는 주장까지도 등장하는 것이다.

그러나 진입의 어려움이 있다 하더라도 선거를 통해 꾸준히 입법부와 행정부의 멤버십이 바뀌고 이들은 기존의 제도와 정책을 혁신하려는 기본적인 동기를 가지고 있다. 또한 멤버십이 계속 유지된다 하더라도 국민주민들의 지지를 계속 확보하고 자리를 유지하기 위한 노력을 하게 되는데 그 노력의 결과는 바로 기존의 정책을 새롭게 바꾸고 국민들에게 그 혜택이 돌아가도록 하는 것이다. 따라서 정부의 제도나 정책이 균형 상태에 계속 머무는 것이 아니라 어느 시점에서는 그동안 지속되어 오던 안정과 균형이 무너지고 급격한 변화를 경험하게 된다. 바로 이러한 제도나 정책의 혁신에 정책기업가의 역할이 필수적이라 할 수 있다Baumgartner & Jones, 1991. 근대국가의 민주제도 형성 기간이 짧은 우리나라의 경우 이러한 불균형은 더욱 뚜렷하다. 기존의 제도나 정책을 부분적으로 보완하고 개선시켜나가는 방식이 아니라 완전히 새로운 것을 도입하는 혁신, 개혁, 변혁을 추구하는 방식이다. 정책기업가로서 역할을 할 수 있는 여지가 그만큼 큰 것이다.

2

정책기업가(Policy Entrepreneur)의 의의

개 념

완전경쟁시장에서 가정하고 있는 조건을 완화시켜 정책결정에 적용할 때 우리는 정책을 개발하고 공급하는 사람이 제한되어 있고, 정보가 불완전할 뿐만 아니라 심지어 비대칭적이며, 정책 아이디어가 매우 다양하고, 현직자에게 유리하게 제도가 형성되어 있고 현존의 제도와 정책은 안정보다는 역동적인 변화의 가능성을 더 가지고 있음을 받아들이게 된다. 이러한 요소들이 복합적으로 작용할 때 정부 부문에서도 기업가로서의 역할을 수행할 수 있는 많은 기회가 제공된다고 볼 수 있다Schneider, Teske & Mintrom, 1995: 39.

정책기업가란 이와 같이 재화와 서비스가 거래되는 민간시장에서의 기업가 개념을 정부 부문에 적용한 것이다. 가장 넓게 이해한다면 정부 부문으로 제한하기보다는 정부의 정책과정에 참여하여 기업가적 역할을 수행하는 사람이며, 여기에는 정부 밖에서 활동하는 이익단체와 시민단체 그리고 학계에 있으면서 의제설정, 정책형성,

정책집행 등에서 기업가의 역할을 수행하는 사람을 모두 포함시킬 수 있다. 범위를 이보다 좁힌다면 정책결정의 장에 공직자로서 기업가적 행동을 보여주는 사람으로 제한할 수 있으며 여기에는 선출직 공직자와 비선출직 공직자를 포함시킬 수 있겠다.

그러면 민간시장에서 기업가란 무엇인가? 상당히 동질적인 재화와 서비스를 제공하는 다수 공급자의 한 사람으로서 시장에 수동적으로 참여하는 것이 아니라 기술이나 경영 혁신을 통하여 그들 경쟁자와 차별화를 시도하고 더 큰 이윤을 창출하기 위한 기회를 포착하고 그런 기회에 자신의 열정과 자원을 투자하는 사람이다.

정책기업가란 자신의 시간과 열정, 공식적 · 비공식적 권위, 인적 네트워크, 그리고 공공의 예산 등 모든 활용 가능한 자원을 동원하여 기존의 정책보다 더 큰 공공의 이익을 창출할 수 있는 혁신적인 정책 아이디어를 개발하고 이를 새로운 정책으로 채택될 수 있도록 선도하는 사람이라 할 수 있다Kingdon, 1984: 122.

한 계

정책기업가 개념은 과거 공직자 특히 비선출직 관료에 대한 고정관념과 매우 다른 것이다. 정부 부문의 경쟁 결여와 신분보장 등의 환경 그리고 법적 · 정치적 책임 때문에 관료들은 모험을 시도하기보다는 회피하고 변화를 추구하기 보다는 과거를 답습하거나 현상을 유지하는 안정지향적 특성을 가졌다고 본다. 선출직 공직자라 하더라도 이러한 관료의 지원을 통해서만이 그들의 아이디어가 실행에 옮겨질 수 있기 때문에 정부 부문에서의 기업가적 행동을 기대하기 힘들었고 그런 측면에서의 연구 또한 제한적이었다고 볼 수 있다.

1980년 대 이후 정부혁신의 한 축으로 등장한 작은정부론 내지 신공공관리론은 정책기업가의 개념과 상당히 맥을 함께 할 수 있을 것이다. 정부부문에 대표적 시장원리라 할 수 있는 경쟁과 성과를 강조하기 때문이다. 경쟁과 성과를 담은 다양한 정책을 정부부문에 도입하는 과정에서 기업가에게 필수적인 혁신적 사고와 위험부담을 기꺼이 감내하는 용기와 결단이 높이 평가되기 때문이다.

정부부문에서의 기업가적 역할의 강조는 지방자치가 활성화되면서 단체장에게서 자주 찾아볼 수 있다. 대표적으로 1989년 일본 시마네현 이즈모시장으로 취임한 이와쿠니 데쓴도에게서 찾아볼 수 있다. 당시로서는 파격적이었던 "행정은 서비스다"는 구호로 행정에 경영방식을 도입하였던 것이다. 그는 시정개혁을 통해 소니, 도요타, 닌텐도, 시세이도 등 당시 세계 최고의 일본 기업을 물리치고 1991년 일본 능률협회로부터 '가장 독창성과 사회성이 뛰어나고 매력 있는 조직'으로 선발되기도 하였다이코노믹 리뷰, 2007. 3. 27. 우리나라에서는 1995년 자치단체장과 지방의회의원 선거가 동시에 실시되면서 지방자치가 부활하였고 지방자치단체장들에게 상당한 자율권이 부여되면서 이들의 정책기업가적 역할이 부각되었다. '주식회사 장성군 CEO'로 통했던 김흥식 전 장성군수가 대표적인 예로 2004년 한 해에만 29개 기업을 유치하는 데 성공하기도 하였다.

'대한민국 CEO'를 자칭한 이명박 대통령도 서울시장 재임시 청계천 복원 등의 성공 사례를 바탕으로 기업가적 리더로서의 이미지를 강조한 것으로 보인다. 대통령 취임 초부터 CEO로서의 대통령직 수행이 적합한 것인가에 대한 논란이 일기 시작하였다. 정부, 특히 중앙정부의 경우 민간부문의 기업가에게 요구되는 혁신과 열정만으로는 해결하기 힘든 정치력이 필요하기 때문이다.

정책기업가의 한계는 바로 이 정치력을 얼마나 필요로 하는가에 따라 달라질 수 있다. 보다 전통적인 논의에서 보면 행정과 경영, 공행정과 사행정의 차이를 얼마나 인정할 것인가의 시각을 반영한다. 가장 대표적인 차이점을 보면Bernier and Hafsi, 2007; Moe, 1994; Morris and Jones, 1999; Rainey, 1983, 첫째, 정부는 이윤에 따라 움직이는 기업과는 달리 공공의 이익이라는 매우 추상적인 목표를 추구한다. 민간 기업가에게는 위험의 대가로 정상적인 상태에서 얻게 되는 이윤보다 훨씬 높은 이윤이 있을 수 있지만 정책기업가에게는 그런 금전적 보상이 따르지 않는다. 정부는 정책을 통해 민주성, 효율성, 형평성 등 다수의 목표를 달성하고자 하며, 목표달성의 정도를 측정하기가 어려울 뿐만 아니라 다수의 이해당사자집단들은 서로 다른 손익의 차원에서 정책을 이해하게 된다.

둘째, 가격이라는 보이지 않는 손에 의해 재화와 서비스가 효율적인 상태로 배분되는 것이 아니라 다양한 이해관계자들의 힘 겨루기와 타협에 의해 자원이 배분되는 것이 보다 일반적이다. 정부는 이들 이해를 조정하는 역할뿐만 아니라 자원 배분의 권위를 가진 당사자로서, 자신들의 이해를 조직적이고 적극적으로 표출하지 못하는 약자를 배려하는 입장에 서야 할 때가 있다.

셋째, 기업은 재화나 서비스 제공에 대해 시장가격에 의해 수입이 확보된다. 반면 정부에서의 자원 조달은 소득, 재산, 소비 등에 대한 강제력 있는 세금을 통해 이루어진다. 재화와 서비스의 질이 소비자의 선택에 의해 바로 통제되는 시장과는 달리 세금을 가지고 제공하는 재화와 서비스 그리고 정책에 대한 통제는 보다 엄격하고 제도화되어 있다. 국민주권을 확보하기 위해서 국회, 감사원, 언론, 시민단체 등등 다양한 주체들이 감시하고 잘못에 대한 책임을 분명히 할 때가 많다.

넷째, 무엇보다 중요한 차이는 정부는 국민주권을 구현하기 위해 법과 민주적 절차를 존중해야 한다는 것이다. 정부 공무원의 자의적인 해석과 판단에 의한 행정이 아니라 누구에게나 동일한 조건의 행정이 가능하도록 표준화된 절차를 반드시 지켜야 한다. 기업도 자체의 업무 수행을 규정한 규칙이 있지만 정부의 그것과는 비교할 수 없다. 정부의 규정은 제정하고 수정하는 과정이 경직적이고 해석 또한 자구에 매달릴 정도로 폐쇄성을 갖고 있다. 공직자에게는 상황에 따라 유연하게 결정하고 집행할 수 있는 자율보다는 어떠한 상황에서도 벗어나서는 안 되는 엄격한 규정준수가 더 강조되고 있다.

이 외에도 많은 차이점을 열거할 수 있겠지만 중요한 것은 이러한 정부부문의 특성은 공직자로 하여금 혁신적인 변화를 꽤하고 위험을 기회로 받아들이는 기업가적 행동을 저해할 수 있다는 것이다.

가능성: 동기

이러한 제약에도 불구하고 정책기업가가 자주 나타나는 이유는 무엇인가? 선출직이든 비선출직이든 공통적으로 현재보다 더 큰 가치를 창출하여 더 많은 사람들에게 혜택을 줄 수 있다는 기대와 믿음일 것이다. 이 때 혜택을 받는 사람은 현시대뿐만 아니라 아직 태어나지 않은 미래 세대를 포함시킬 수 있다. 일반적으로 공인公人에게 요구되는 공공의 정신과 의무감이 그런 기업가적 행동을 유발시키는 한 요인이 될 것이다.

여기에 정책기업가 개인의 이익도 무시할 수 없는 동기 요인이 될 수 있다. 선출직의 경우 무엇보다도 정책기업가로서 성공적으로 새로운 정책을 도입하고 그 성과를 거둔다면 재당선에 큰 도움이 될 것이다. 비선출직의 경우에도 업무수행능력과 리더십을 인정받아 승진의 가능성을 높일 것이다. 비록 재당선과 승진을 연결시키지 않더라도 마슬로우1954의 욕구계층론에서 암시하는 자아실현, 즉 자신이 추구하는 가치를 담은 정책이 국가 또는 지역사회에 변화를 주고 있다는 그 자체에 큰 의미를 부여하고 그것이 정책기업가로서 행동하도록 동기를 제공할 수 있을 것이다.

이러한 개인적인 동기 이외에 제도 또는 문화 차원에서 필요성을 찾을 수도 있다. 기존의 관료제에 익숙한 행정가는 안정적인 외부환경과 일상적이고 반복적인 업무수행기술이 적용되는 상황에서 능력을 발휘할 수 있었다. 하지만 불완전한 정보에서 언급하였듯이 현재 정부가 직면하고 있는 많은 문제는 그것을 정의하는 것에서부터 불확실성이 매우 높고 다양한 이해가 복잡하게 얽혀 있기 때문에 과거의 전례를 따르는 식의 정형화된 해결책이 통하지 않는다. 문제를 인식하는 단계부터 기술적이고 기계적인 접근이 아니라 정치적이고 유기적인 접근이 필요하며 거기에는 불확실성에 의한 위험이 존재한다. 과거에는 생각하지 못했던 새로운 창조적이고 혁신적인 발상의 전환이 필수적이고 위험을 기꺼이 감수하는 기업가적 역할이 필요한 이유이다. 문장대 · 용화온천 사례에서도 저자가 밝혔듯이 "민선자치시대 이후 도지사, 시장, 군수 등이 임명제 때에 비해 중앙정부의 통제에서 비교적 자유로워졌다"는 점도 정책기업가로서의 활동하는데 자극을 주었다고 볼 수 있다.

필요 조건

정책기업가를 위와 같이 이해할 때 이들이 갖추어야할 중요한 조건은 무엇일까. 학자에 따라 다양한 주장이 가능하겠지만 여기서는 Mackenzie2004: 372-379에서 아이디어를 얻어 혁신적 사고와 실행력; 기회포착능력; 정책의 場policy venue을 선택하고 활용하는 능력; 우호적 정책이미지policy image를 형성하는 능력; 관계 네트워크 구축 및 동원 능력; 설득, 협상, 타협 능력에 조직 리더십을 더하여 논의하고자 한다.

혁신적 사고와 실행력

기업가에게 가장 필요한 것이 창조적 파괴Schumpeter, 1934로 대표되는 기술혁신이다. 그것이 해당 산업에서 기존에 형성되어 있던 균형을 무너뜨리고 기업가에게 새로운 이윤을 가져다준다. 정부 부문에서도 정책기업가는 기존의 안정적인 상태에 커다란 변화를 줄 수 있는 혁신적인 정책을 추진할 수 있어야 한다. 정책을 가치의 권위적 배분으로 이해한다면 정책의 변화는 가치 배분의 변화를 가져오게 되고 기존에 혜택을 받고 있던 당사자들은 변화에 저항하기 마련이다. 현재 실행되고 있는 정책이나 제도는 기본적으로 그 상태를 유지하려는 관성을 가지고 있기 때문에 정책기업가는 그 관성을 깰 수 있을 정도의 강력하고 참신하며 창조적인 정책아이디어를 제시하여야 한다. 또한 새로운 문제 상황에 직면하여 해결책을 내놓아야 할 때 문제가 일어난 동일한 차원이 아니라 그 보다 상위의 차원에서 문제해결책을 제공할 수 있는 혁신적 사고가 필요하다. 정책기업가는 단순히 새로운 아이디어를 개발하는 데서 멈추는 것이 아니라 그것이 정책으로 채택되고 집행되어 원래 의도한 목표를 달성하는 실행력을 필요로 한다. 그 과정에서 중요한 것이 기회포착능력이라 할 수 있다.

기회포착능력

새로운 목표를 추구하거나 현안으로 떠오른 정책문제를 해결하기 위한 새로운 차원의 혁신적인 아이디어가 정부의 공식적인 권위를 부여받는 정책이 되기 위해서는 수많은 이해당사자들의 역동적인 상호작용을 거치게 된다. 정책결정을 전통적인 합리적 과정으로 이해하지 않고 합리성이 결여된 역동적 관계에 초점을 맞출 때 정책기업가의 역할을 더욱 새롭게 인식할 수 있다. 이러한 시각을 일찍이 모형화한 Kingdon1984은 정책의제변화는 자체의 생명력을 가진 정책문제, 정책대안, 그리고 정치의 세 독자적인 흐름streams이 어떤 결정적인 계기[1]를 맞아 서로 합쳐질 때 발생한다고 주장한다. 세 흐름은 상당히 독자적인 경향성을 가지고 진화되어 가는데, 정책기업가는 앞서 설명한 혁신적인 정책대안아이디어의 흐름을 주도하고 있다가 최적의 기회를 포착하여 정책문제 해결의 최적안을 정치의 장에 제안하여 채택되도록 만드는 사람이다.[2] Kingdon은 정책기업가가 그의 아이디

1) 이런 결정적인 계기(기회)는 정책의 창이 열릴 때 오게 되는데 바로 정권이나 정부의 교체가 있다거나 외환위기와 같은 외적 환경의 커다란 충격이 있은 뒤에 그동안 표류하고 있던 정책이 국회에서 통과하거나 대통령의 결심으로 해결되는 경우를 들 수 있을 것이다.

2) 정책이 균형상태를 거의 유지하면서 점증적으로 변화하는 것이 아니라 단절적 변화에

어를 추진할 수 있는 기회를 "정책의 창policy window"이라 불렀다. 정책의 창은 보통은 닫혀 있다가 정권정부이 교체되거나 어떤 사건으로 국민의 정서가 급격하게 변하는 등의 정치 흐름의 변화에서 일시적으로 열리게 되는데 정책기업가는 늘 그런 기회를 노리고 있다가[3] 창이 열리는 그 짧은 기회를 포착하여 정책변화를 주도할 수 있는 능력이 필요하다.

정책의 場(policy venue)을 선택하고 활용하는 능력

범죄사건이 발생하면 그 사건을 주도적으로 관장하여 수사를 진행하는 관할지管轄地가 있듯이 정책의 변화가 발생할 때 그것을 주관하는 기관이나 場장을 생각할 수 있다Baumgartner & Jones, 1991, 1993. 우리나라의 경우 국회 상임위원회나 정부의 주관 부처 또는 국무회의 · 차관회의 등을 쉽게 생각해볼 수 있다. 뿐만 아니라 법원도 그런 場이 될 수 있고 때로는 의제설정단계에서는 방송이나 전문연구기관도 정책결정의 場으로서 기능을 수행할 수 있다. 정책결정의 場이 중요한 이유는 어느 場에서 정책의 변화가 시도되느냐에 따라 어느 한편에 유리할 수도 있고 불리할 수도 있다는 것이다. 예를 들어 민간기업가의 경우 기업규제 관련 법안이 국회에서 다루어지느냐 행정부에서 다루어지느냐에 따라 방향성이 달라지고, 같은 국회나 정부 안이라 하더라도 상임위원회나 부처 소관이 달라짐에 따라 어떤 곳에서는 자신들의 주장대로 수용되는가 하면 다른 곳에서는 반대에 직면하게 된

의한 불균형성을 주장하는 근거이기도 하다(Baumgartner and Jones, 1993).

3) Baumgartner & Jones(1993)가 정책기업가를 정의하면서 사용한 alertness to opportunities를 이런 의미로 이해할 수 있을 것이다.

다. 예를 들어 개발정책의 경우 국토해양부는 우호적일 수 있고 환경부는 유보적일 수 있는 것과 같다. 정책기업가는 자신의 정책에 공감하고 지지하는 사람들을 정확하게 분석하여 그런 우호 세력이 많은 場을 선택하여 논의를 이끌어 갈 수 있는 능력이 있어야 한다Mackenzie, 2004: 374-375. 같은 맥락에서 현재의 관할지가 불리하다고 판단할 때에는 국면을 전환하기 위하여 새로운 場을 만들거나 場을 바꿀 수 있는 능력을 필요로 한다.

우호적 정책이미지(policy image)를 형성하는 능력

정책이미지는 정책의 실제를 떠나서 사람들이 그 정책을 어떻게 인식하고 있는가를 말한다Baumgartner & Jones, 1991, 1993. 원자력 발전을 환경오염의 주범인 일산화탄소를 배출하지 않는 매우 친환경적이고 경제적인 것으로 인식할 수도 있고, 구 소련 체르노빌 원전 사태를 떠올리면서 인류의 재앙을 초래할 수 있는 부정적인 것으로 인식할 수도 있다. 2008년 미국 쇠고기 수입파동의 경우도 정부는 쇠고기 수입을 국민들이 값싸게 쇠고기를 먹을 수 있는 좋은 정책으로 받아들여 줄 것을 기대했지만 실제로는 우리 식탁을 위협하는 매우 잘못된 정책으로 인식한 사람이 훨씬 많았기 때문에 사태가 더욱 악화되었다고 이해할 수 있다.

정책이미지는 심리학에서의 프레임의 개념으로 이해할 수 있다. 같은 현상이라 하더라도 어떤 프레임으로 보느냐에 따라 현상을 전혀 다르게 이해하게 된다. 똑같은 그림이라도 표구를 어떤 프레임틀으로 하느냐에 따라 그림의 이미지가 달라지는 것과 같다. 정책도 어떤 언어로 어떻게 정의하느냐에 따라 사람들이 인식하는 이미지가 다르다. 그렇기 때문에 정책기업가는 자신이 제안한 정책을 우호적인 이미지로 사람들에게 전달될 수 있도록 프레이밍framing할 수 있어야 한다.

정책결정의 장은 정책이미지와 불가분의 관계에 있다Baumgartner & Jones, 1991: 1046-1051. 정책의 장을 바꾼다는 것은 결국 기존의 불리한 場에서 형성된 정책이미지를 긍정적이고 우호적인 이미지로 바꿀 수 있는 가능성을 제공하기 때문이다. 정책의 장에서 이루어지는 논쟁은 어떻게 보면 생각을 달리하는 사람들이 서로 다른 이미지를 형성하여 사람들의 설득력을 확보하는 경쟁과정이라 할 수 있다. 이런 의미에서 정책기업가는 정책의 장과 정책이미지를 전략적으로 활용하여 정책변화를 주도하는 사람이다.

관계 네트워크 구축 및 동원 능력

정책의 장과 정책이미지를 통한 지지 확보 못지않게 중요한 것이 정책과 관련된 사람들과의 관계를 좋게 유지하고 극단적인 반대 그룹이 나오지 않도록 하는 것이다Mackenzie, 2004: 376. 소위 사람과의 관계 네트워크를 관리하는 일이다. 사람들과의 관계에 대한 중요성은 리더십의 유형을 일 중심과 관계 중심으로 나눌 정도로 리더십이 보여주어야 할 핵심 요소였다. 관계 네트워크는 광범위한 사람들에게 접근할 수 있는 네크워크의 폭도 중요하지만 오히려 정책결정에 중요한 역할을 하는 핵심 인물들과 형성한 네크워크의 강도가 더 중요할 수 있다. 네트워크의 강도는 지속적으로 형성된 상호신뢰에 의해 강화된다. 기업가가 새로운 기술을 가지고 있다 하더라도 그것을 실제 제품으로 전환시키기 위해서는 자본을 확보해야 하는데 이때 가장 중요한 것이 기업가에 대한 신뢰라 할 수 있다. 상호신뢰로 형성된 강한 네트워크 관계에 있는 사람들은 또 다시 그들의 개별적인 네트워크를 가동하여 지지세력을 확장시켜주는 충성도 높은 사람이다. 정책변화의 성패를 좌우하는 핵심적인 요소가 바로 정책기업가의 이러한 관계 네트워크를 구축하고 사람들을 동원할 수 있는 능력이라 할 수 있다.

설득, 협상, 타협 능력

논쟁과 설득 능력은 정치과정의 심장에 해당하고 정치인의 필수 무기라 할 수 있다Baumgartner & Jones, 1993: 29. 어찌 보면 정책의 장, 정책이미지, 그리고 관계 네크워크 구축 및 동원도 논쟁과 설득의 수단이라 할 수 있다. 물론 여기에서는 그보다 더 직접적인 논쟁과 설득을 의미하며 법정에서 변호사와 검사가 상호 자신의 주장을 판사나 배심원에게 설득시키기 위한 노력과 유사하다. 즉, 정책기업가는 전문정책연구원의 보고서나 외국 사례 등 다양한 증기를 제시히면서 정책과정에 참여한 사람들을 설득할 수 있어야 한다Mackenzie, 2004: 377.

이러한 설득력은 이론적이고 개념적인 논리 전개도 중요하지만 자원의 제약 등 현실적인 한계에 직면할 수밖에 없다. 이 때 정책기업가에게 필요한 것이 협상과 타협의 능력이다Ibid. 이상적인 주장만을 고집할 것이 아니라 일부는 양보하고 일부는 얻어내는 거래 즉 정치적 담판도 정책기업가에게 요구되는 중요한 능력이라 할 수 있다.

조직 리더십

정책기업가는 자신이 추구하는 정책변화를 주도한다. 기존의 연구는 이 과정에서 앞서 논의한 정책기업가 개인의 탁월한 역량에 초점을 맞추었다. 이러한 접근은 국회의원과 같은 정치인 정책기업가에게는 어느 정도 타당성이 있겠지만 정부조직의 장이나 고위공무원으로서 정책기업가에는 추가적인 역량이 필요하다. 그것은 조직을 통해 정책변화를 주도해야한다는 점에서 조직리더십이라 할 수 있다. 특히 기존의 조직을 그대로 활용하는 것이 아니라 한시적 조직과 같은 새로운 팀task force을 구성할 수도 있다. 따라서 정책기업가는 조직 또는 팀의 구성원을 원하는 방향으로 일하도록 영향력을 발휘하여야 한다. 그 과정에서 리더십에 일반적으로 요구되는 리더의 열정, 솔선수범, 그리고 사람을 관리하는 능력을 기본적으로 갖추어야 한다. 특히 개혁적인 정책아이디어를 통해 일반 국민주민들이 과거에 인식하고 있지 못하던 욕구니즈를 깨닫게 하고 그들의 지지를 얻어내는 능력이 있어야 하듯이, 조직 구성원들에게 지금까지 자각하지 못하던 지적 자극을 주고 상위 차원의 욕구를 자극하는 비전을 설정하여 구성원 모두에게 새로운 동기를 유발시키는 능력이 요구된다Burns, 2004.

3

정책기업가로서의 이원종 전 충북도지사

제 1 장에서 제12장까지 소개한 사례를 통해 이원종 충북도지사를 정책기업가의 시각에서 설명하고자 한다. 이원종 지사는 1998년부터 4년 임기를 중임하고 2006년 퇴임한 선출직 단체장으로서, 사례에서 알 수 있듯이 많은 혁신적인 정책 내지 사업을 시도하고 성공시킨 정책기업가로서 정의하기에 적합한 인물이다. 1998-2006년 기간은 시마네현 이즈모시 이와쿠니 시장의 시정개혁 사례를 널리 벤치마킹하고 있었고 1995년 지방자치제가 부활한 이후 2기와 3기 선출직의 임기 동안으로 단체장들 사이에 경쟁적으로 지역발전을 위해 다양한 개혁이 진행되던 시기이다. 이제 앞의 12개 사례에 나타난 구체적인 내용을 통해서 정책기업가에게 필요한 조건으로 검토한 7가지 항목혁신적 사고와 실행력; 기회포착능력; 정책의 場(policy venue)을 선택하고 활용하는 능력; 우호적 정책이미지(policy image)를 형성하는 능력; 관계 네트워크 구축 및 동원 능력; 설득, 협상, 타협 능력; 조직 리더십 각각에 대하여 이원종 지사의 정책기업가로서의 역할을 알아본다.

혁신적 사고와 실행력

이원종 전 도지사의 혁신적 사고는 바이오 엑스포 개최에서 우선 확인할 수 있다. 이 지사도 밝혔듯이 "2002년 당시만 하더라도 바이오는 학자나 전문가 등 일부만의 관심사였고 일반에게는 생소한 분야였다. 그러므로 일반학계, 언론, 지방의회, 주민 등의 협조는 기대하기 어려웠을 뿐만 아니라 엑스포 개최는 무관심 내지 비판의 대상" 일 정도로 바이오 엑스포는 당시로서 혁신적 사고였음이 분명하다. 다른 시도에 비해 천연재해가 많지 않아 외부 도전에 대한 응전의 필요성을 실감하지 못하고 전통적인 농경사회에 익숙해있던 충북 도민의 정서에 비추어 더욱 그러하였을 것이다.

이 지사는 충북도를 전통산업에서 신성장산업으로 전환하지 않고는 충북의 후진적 이미지를 벗어나 실질적으로 잘 사는 도를 만든다는 것이 불가능함을 알았던 것 같다. 충북도를 21세기 경쟁사회에 당당하게 맞서고 선진화하기 위해서는 바이오산업을 키워야 한다고 생각한 것이다. 2000년대 초 아마 다른 시도에서도 비슷한 생각은 할 수 있었을 것이다. 그런데 이 지사의 혁신적 사고는 세계적인 바이오기업체 몇 개를 유치하는 전략이 아니라 도민의 의식전환을 선결과제로 보고 전 세계 어느 시도에서도 시도하지 못한 30일간의 바이오 엑스포를 기획하고 실행에 옮긴 것이다. 바이오 산업이 충북도에 들어와 착근하기 위한 기본 토양을 먼저 생각하는 매우 전략적이고 혁신적인 아이디어임이 분명하다.

도 재정이 약한 충북도의 사정을 고려할 때 당시 바이오 엑스포 개최는 대단한 모험일 수 있었다. 총 사업비 245억은 국비 115억

47%, 도비 90억37%, 수익사업 및 가타 40억16%로 구성되었다. 당시 중앙정부는 지방자치단체에서 경쟁적으로 대형행사를 개최하고 예산이 투입되는 것에 대해 부정적 시각을 가지고 있었기 때문에 행사비의 50% 정도를 국고에서 지원받았다는 것은 대단한 성과로 보인다.

바이오 산업을 포함한 첨단산업 유치에 대한 이지사의 사고는 Biotech로 열어가는 Utopia란 뜻의 합성어 BIOTOPIA를 캐치프레이즈로 한 오송BT-오창IT-충주첨단산업-제천전통의약-단양석회석 나노신소재으로 이어지는 첨단산업 벨트Belt의 조성에서 더욱 확인할 수 있다. 특히 오창과 오송 산업단지는 1997년 외환위기 이후 경제가 어렵고 중앙정부의 협조가 없었을 뿐만 아니라 단지 내 거주민의 과격한 반대, 충북에 소재해있던 기업마저 수도권으로 이전하는 등의 위기 상황에서 과감한 결단과 미래비전으로 이루어낸 성과로 보인다. 이 과정에서 "애물단지"로까지 언론에서 혹평을 받고 있던 오창 단지에 3만 평비용 120억 원을 매입하여 첨단산업 분야의 벤처기업을 저렴한 임대료로 유치하여 분위기를 전환한 것, 관료적 행태에 빠져 있던 대다수 공무원 대신 도청과 토지공사 직원 13명으로 특별반을 구성하여 1,000여 개 업체를 방문하여 유치 홍보를 벌인 것, 세계적인 제약회사 본사를 직접 방문하고 현지답사를 이끌어내 유치를 성공시키는 등의 활동은 민간부문의 기업가 정신 이상을 보여준 것이다.

지역정보화사업도 바이오 엑스포와 바이오토피아 추진과 같은 맥락에서 이해할 수 있다. 정보화 역시 변화에 대한 적응의 필요성을 민감하게 받아들이지 않는 상황에서 매우 혁신적이고 어려운 사업이었음이 분명하다. 충북의 정보화 기반은 1999년 10위권 밖이었고 초고속 통신망, PC보급률, 인터넷 사용 등 모든 면에서 타 시도에 비해 취약한 편이었다. 2000년 도지사 신년사에서 밝힌 "금년을 지식정보화의 원년으로 삼아, 초고속 통신망을 보강하고 전 직원의 e-mail 사용을 활성화하는 한편 인터넷 홈페이지와 개인 ID 갖기 운동을 범도민적으로 추진하는 등 정보화 저변확대로 도민 모두가 손쉽게 인터넷에 접근하고 이용할 수 있도록 '인터넷 가장 잘 쓰는 도' 로 육성" 하겠다는 약속은 공무원까지도 거부감을 나타냈다는 이 지사의 표현대로 지나칠 정도로 혁신적이었는지 모른다.

그럼에도 불구하고 인터넷 인프라 구축과 정보화 교육 등의 실질적인 노력을 한 결과 인터넷 가입자가 6,542가구에서 4년 후 62배인 402,264가구로 증가하였고, 2000과 2001년에 전국 시도 정보화 평가에서 최우수 도로 선정되었고 2004년에는 행정기관 홈페이지 평가에서 우수도, 세계도시 중 전자정부 실현도시 인터넷 콘텐츠 부문 1위, 지자체 관광 사이트 평가에서 최우수도로 선정되는 등의 성과로 이어졌다.

제85회 전국체전의 개최도 그렇다. 가장 큰 어려움은 재정이라 할 수 있다. 당시 전국체전을 개최한 다른 자치단체의 경우 주경기장 신축에만 1,500여 억 원이 투자되었다고 하니 체전 가용재원이 총 731억 원국비 136억 원, 지방비 575억 원, 교육비 20억 원에 불과한 충북으로서는 개최 자체가 불가능한 것이었는지도 모른다. 그것을 이 지사는 '궁즉통' '필요는 발명의 어머니' '상황과 능력의 허용 한도 안에서 최선을 다해 해결 가능한 길을 선택하는 것이 결국 최선이 될 수 있는 것이다' 는 믿음을 가지고 모든 것을 돈이 아니라 아이디어로 해결한 것으로 보인다. 기존 경기장의 개수 활용, 정예 자원봉사자의 활용, 전국체전의 개회식과 폐회식의 콘셉트 설정과 진행방법, 삼산삼해의 성화채화, 성화대 설치와 점화 방법 등 전국체전에서 채택된 모든 것은 새로운 아이디어가 문제해결의 핵심에 있었다.

기회포착 능력

오랫동안 추진해 온 정책대안이 채택될 수 있는 기회의 창은 잠깐 열렸다 다시 닫힌다는 것이 Kingdon의 '정책의 창' 개념이다. 이원종 지사가 현안으로 반드시 실현시켜야 할 과제 중의 하나가 충북을 수도권 소재 공공기관의 지방이전 대상지인 혁신도시에 포함시키는 것이었다. 이 지사는 혁신도시에서 충청권 배제 원칙의 근거가 되었던 신행정수도의 충청권 입지 선정에 주목하였다. 즉, 신행정수도 입지가 발표되기 이전에는 충북에도 혁신도시가 건설되어야 한다는 주장을 조용히 추진하다가 2004년 7월 5일 신행정수도 후보지가 충남 연기 · 공주지역으로 확정 발표되고 충북지역의 진천 · 음성 후보지가 탈락하자 이것을 혁신도시 배제 철회 명분으로 삼아 전방위로 유치 활동을 전개하기 시작한 것이다. 신행정수도 후보지 발표 한 달 뒤인 그 해 8월에 제천시 공대위 60명은 제천 시민 1만 명의 서명부를 전달해 왔고 충주시 공대위 2,000여 명은 광화문에서 배제철회 집회 및 지부상소持斧上訴를 올리는 등 충북은 신행정수도 후보지 발표 시기를 기폭제로 활용하여 혁신도시 유치 운동을 전개시켜 나갔다.

정책의 장에서 보다 자세히 설명하겠지만 호남고속철도 오송 분기역 역시 이 도지사 취임 이전부터 추진하여 오던 충북 도민의 숙원 사업이었다. 초기에는 3개 후보지에도 포함되지 않았던 오송을 분기역으로 선정되도록 할 수 있었던 것은 집요하리만큼 기존의 용역

결과에 대한 부당성을 지적하고 정책의 장을 옮겨 충북에 유리하도록 노력한 것도 있지만 가장 결정적인 계기는 오송으로부터 6.6Km 떨어진 근거리에 신행정 수도의 입지가 발표된 시점을 최대한 활용한 결과라고 할 수 있겠다.

이원종 지사는 이 부분에 대하여 매우 솔직한 고백을 하였다: "지방의 노력으로 여건을 변화시키기는 어렵다. 그러나 변화된 여건을 놓치지 않고 활용하면 그것은 운으로 작용한다." Kingdon1984이 사용한 "기회"라는 용어 대신에 우리나라에서는 "운"이라는 말이 적합할 지도 모르겠다. 하지만 중요한 것은 준비하고 있지 않은 사람에게 운은 오지 않는다는 것이다. Kingdon이 말한 문제, 해결방안, 정치의 세 흐름이 자생력을 가지고 자기 길을 가다가 그것이 서로 만날 때 정책변화의 가능성이 열린다는 주장에는 정책기업가는 늘 문제의 흐름을 예의 주시하고 그에 대응하는 해결방안을 꾸준히 정교하게 준비하고 있을 때 '운'이 따른다는 사실을 함축하고 있다고 본다.

정책의 場을 선택하고 활용하는 능력

정책의 장을 선택하고 활용한 대표적인 예는 오송 분기역 유치에서 찾아볼 수 있다. 호남고속철도 분기역 선정의 핵심적인 장은 초기에 교통개발연구원이라 할 수 있다. 정치적으로 워낙 민감한 사안이었기 때문에 당시 노태우 정부는 오히려 전문기관의 평가를 의존하는 것이 정치적 부담을 덜 수 있다고 판단하였을 것이다. 1993년 8월 발표한 교통개발연구원의 연구보고서에는 충북 오송이 배제된 채 천안과 대전을 분기점으로 한 3개 안만이 제시되었고 이후 공청회를 거쳐 1999년 발표한 교통개발연구원의 최종 연구용역 결과에서는 '천안—익산—목포' 구간으로 정리되었다.

이후 대통령, 국무총리, 건교부장관을 접촉하며 다른 정책의 장에서 오송 대안을 살리기 위해 노력을 하였다. 그 중에서 충청도에 지역기반을 둔 자민련 김종필 국무총리의 총리공관회의가 새로운 변화 가능성을 결정하는 중요한 정책의 장이 되었다. 1999년 12월 28일 김종필 총리 주재로 건교부장관이건춘 및 관계국장, 총리비서실장, 대변인 등 정부 측 인사와 도지사, 도의회의장, 유치위원회 대표, 지역 출신 국회의원 등 충북 측 인사가 조찬회의를 가졌고 이 자리에서 "기존의 용역기관인 교통개발연구원을 배제함과 동시에 외국 연구기관을 포함, 신뢰할 수 있는 기관에 용역을 의뢰 하겠다"는 합의를 한 것이다.

그동안 정책의 장 핵심에 있었던 교통개발연구원을 배제시키는 성과를 거둔 것이다. 하지만 이후 정책의 장이 이 지사의 의도대로 바뀐 것은 아니다. 교통개발연구원 대신 대한교통학회가 용역기관으로 선정되었지만 충북의 기대와는 달리 천안 분기점에 유리하게 진행되었다. 2003년 7월에는 교통개발연구원이 주최가 되어 공청회를 열었는데 역시 천안 분기역이 유력하였다.

오송 분기점에 유리한 결정적인 계기는 노무현 정부의 행정수도 이전 결심이었다. 행정수도 입지가 충청도로 굳어지면서 충북은 행정수도 입지와 분기역을 연계시키는 전략을 선택하였다. 2004년 7월 5일 신행정수도 후보지가 연기·공주 지역으로 발표되면서 호남고속철도 분기역에 대한 새로운 용역을 결정하게 되었다.

충북, 충남, 대전의 의견이 갈라지면서 최종적으로 국토연구원이 주관하여 분기역을 평가하도록 되었다. 정책의 장이 평가를 담당하는 또다른 전문기관으로 옮겨진 것이다. 전문가의 마음을 잡는 것이 1차적인 관건이었다. 이미 정치 쟁점화한 상황에서 평가 1위로 선정된 도시를 번복한다는 것은 더욱 정치적 부담이 큰 것이다. 이 상황에서 이 지사의 정책의 장을 공략하는 전략은 유효했던 것으로 보인다. 이 지사는 평가자로 선정될 가능성이 높은 115개 대학의 교통, 토목, 환경, 경제, 도시공학, 고고학 등 관련 교수 3,486명에게 도지사 서한은 물론 오송 관련 홍보물을 보냈다. 또한 이 지사는 5개의 조를 편성하여 평가위원의 위촉 가능성이 높은 전문가 39명에 대하여 이들 조로 하여금 지역별로 2회에 걸쳐 전문가를 직접 방문하고 오송의 타당성을 설명하는 등의 적극적인 전문가 공략에 나선 것이다. 이 과정에서 오송의 타당성에 대한 논리를 개발하기 위하여 교수 등의 전문가 집단의 도움을 얻어 상황 전개에 따른 대응논리를 개발하여 나갔다. 호남고속철도 분기역 선정에서 정책의 장을 직접 결정할 수 있는 위치는 아니었지만 충북에 불리하게 논의가 전개되는 정책의 장을 바꾸는데 결정적인 역할을 하였고 새로운 정책의 장에서 전문가를 활용하여 원하는 목표를 성취하였다 할 것이다.

중부권 내륙 화물기지 입지 선정의 경우에도 초기 교통개발연구원에서 주도하여 충북에 불리하게 돌아가던 상황을 용역의 문제점을 지속적으로 추궁하여 정책의 장을 건교부, 교통개발연구원, 충북, 충남의 4개 기관에서 두 사람씩 참여하는 검증단으로 전환하여 결국 충북 갈산지구가 포함되도록 하는 성과를 거두었다.

정책의 장이 가장 중요하게 작용한 것은 문장대 · 용화온천 개발 저지 사례에서 찾을 있다. 당시 행정부를 대상으로 하여 개발의 부당성을 설득하고 실력행사도 했지만 행정부를 관할지로 한 정책결정과정에서 충북은 성공을 거두지 못하였다. 그러던 것을 행정부에서 법원으로 정책의 장을 옮기면서 실질적인 개발저지의 성과를 거두게 된 것이다.

우호적 정책이미지를 형성하는 능력

정책의 장은 정책이미지와 밀접한 관련을 가지고 있다. 호남고속철도 분기역 선정에서 건설교통부와 교통개발원이 중심 무대인 상황에서 오송의 이미지는 결코 충북에 우호적이지 않았다. 천안과 대전에 비해 우선 대외 인지도가 낮았고 사람들이 밀집되어 있지 않은 지역에 분기역을 건설한다는 것은 입지선정이론 측면에서 볼 때 비효율의 이미지를 그대로 안고 있기 때문이다. 오송에 대한 이미지 전환은 실제로 앞서 검토한대로 신행정수도의 입지가 오송으로부터 10Km 이내의 근접한 곳에 선정되면서 오송 분기역은 실제로 신행정수도의 관문 역할을 하는 역으로 이미지 전환이 가능했다고 본다. 신행정수도에 의한 오송의 이미지 형성은 이 지사의 노력보다는 노무현 정부의 신행정수도 건설에 의해 가능했다고 본다. 이 지사의 노력 부분을 평가한다면 오히려 오송 생명과학단지를 지속적으로 추진함으로써 비록 오송이 미니 신도시에 해당하지만 첨단 산업단지로서의 긍정적 이미지를 이미 구축해가고 있었다는 것이 될 것이다. 오송이라는 지명의 브랜드가 이렇게 첨단산업과 연결되면서 충북도민은 물론 오송이 분기역의 후보로 언론에 거론될 때 일반 국민의 정서적 호감도도 높이는 결과를 가져왔을 것이다.

정책이미지 차원에서 어느 정도 설명이 가능한 대표적인 사례는 바이오 엑스포라고 생각한다. 당시 바이오 산업에 대한 인식이 도민들 사이에 높지 않은 상태에서 바이오 엑스포에 대한 도민의 지지는 미미할 수밖에 없었을 것이다. 이러한 상황에서 이 도지사가 이 행사의 중요도를 인식시키기 위한 전략으로 선택한 것은 조직위원회의 위상을 높이는 것이었다. 행사의 추진 주체 역할을 맡은 조직위원회의 위원장에 전 국무총리를 포함하여 12부처 장관 등 정치적으로 초중량급을 위원으로 위촉함으로써 이 행사가 국가적으로도 중요한 행사로 인식될 수 있도록 한 것이다. 지역 내에서는 국회의원, 도의원, 대학총장, 언론사 사장, 관련학회 회장, 직능단체장 등 지도급 인사를 위원으로 위촉하여 이 위원들의 면면만 보아도 이 행사의 위상을 알 수 있도록 하였다.

특히 바이오의 용어에 담겨진 첨단성과 긍정적 이미지를 잘 활용한 것으로 보인다. 바이오 엑스포, 바이오토피아의 두 큰 프로젝트를 통해서 충북을 '바이오' 산업의 메카로 부각시켰고, 그동안 이 분야에 인식이 부족하였던 도민들에게 바이오 산업은 미래의 먹거리를 제공하는 '무언가 좋은' 것으로 각인시킴으로써 두 프로젝트는 물론 IT 산업까지를 포함한 첨단산업 유치를 우호적으로 받아들이도록 만든 것이다.

어쩌면 이 지사는 이들 개별 정책이나 사업의 이미지에 미시적으로 관심을 가졌던 것이 아니라 시대에 뒤떨어지고 주목받지 못하는 충북을 일류, 일등, 첨단의 도로 바꾸는 도 차원의 거시적 이미지 형성에 관심을 가진 것으로 보인다. 그것은 BT, IT 등 첨단 산업 유치뿐만 아니라 당시 도세로서 시기상조로 생각하고 있던 전국체전을 개최한 것이나, 다른 시도에 비해 지역정보화를 선도해서 전국적으로 최고의 평가를 받아 냄으로써 도 공무원은 물론 도민 모두에게 자신감을 갖도록 만든 것이 이를 증명한다 할 것이다.

정책이미지 형성을 잘못하여 실패한 사례가 밀레니엄 타운 사업이었다. 밀레니엄 타운은 충북에 소재하던 종축장을 2000년 외곽으로 이전하면서 "주민의 삶의 질"을 높이기 위해 그곳에 저렴하게 이용할 수 있는 골프장 등 스포츠 레저시설과 컨벤션 센터 등 글로벌 시대에 필요한 공간을 조성하고 지방재정 수입을 올린다는 취지로 새 천년의 새 장을 여는 의미에서 이름 붙인 것이다. 밀레니엄, 삶의 질, 스포츠 레저시설, 컨벤션 센터, 글로벌 시대, 수익창출 어느 한 단어 부정적인 이미지를 찾을 수 없다. 이런 좋은 이미지가 생각대로 도민들에게 수용되었다면 이 사업은 실패하지 않았을 것이다. 하지만 기대했던 것과는 반대로 "환경파괴" "계층간 위화감 조성" "수익성 불투명"이라는 부정적인 이미지가 더 부가되면서 다수의 지지를 얻지 못하고 중단해야만 했다. 정책이미지를 우호적으로 조성하고 유지시켜나가는 것이 정책기업가로서의 역할에 얼마나 중요한 것인지를 새삼 일깨워주는 사례이다.

관계 네트워크 구축 및 동원 능력

거의 모든 사례에서 관계 네트워크 구축 및 동원은 모든 사례에서 성공의 중요한 요소임을 확인할 수 있다. 관계 네트워크의 중요성은 이원종 지사가 청주광역도시권을 새로 설정하는 과정에서 직접 고백한 글을 보면 잘 알 수 있다.

사람이 살아가는 데에 있어 인간관계는 중요한 자본이다. 그것은 사생활 분야뿐만 아니라 공적인 업무관계에도 상당히 중요하다. 이미 중앙도시계획위원회의 의결까지 거친 사안을 중대한 하자나 특별한 사정변경 없이 번복한다는 것은 불가능에 가까운 일이었다. 그러나 당위성을 가진 논리적 바탕 위에 위원들과 평소 조성되어 있는 인간관계를 통하여 개별적인 접근방법으로 이해의 폭을 넓혀 감으로써 성공에 이를 수 있었다. 만일 같은 논리라도 공식적인 접근만 시도했다면 목표점에 도달하지 못했을 것이다. 그러므로 공사생활에 있어 각 분야의 사람들과 좋은 네트워크를 형성하고 있는 것은 자본이다.

구체적으로 바이오 엑스포를 개최하면서 국고 지원을 받기 위해 예산처장관을 직접 방문하여 지원을 요청했을 뿐만 아니라 지역출신 국회의원, 중앙부처와 연결되는 도 공무원을 모두 동원하였다. 문장대 · 용화온천 개발저지를 위해서는 환경분야의 교수, 언론, 법조계, 환경단체 등의 지원과 협력을 얻어내는 등 충북도가 가지고 있는 모든 네트워크를 가동하였음을 알 수 있다.

오송 분기역 유치와 혁신도시 유치 사례에서도 광범위한 네트워크를 활용하였다. 오송 분기역 유치의 경우 교통개발연구원, 대한교통학회 등 전문기관의 용역결과에 대한 면밀한 검토와 대응논리를 개발하는 과정에서 충북 내의 교수와 전문가 집단을 유기적으로 엮어 참여시켰다. 두 사례 모두 지역출신 국회의원은 물론 도 및 시군의회 그리고 시장군수가 함께 중앙정부 및 정계를 설득시켜 나갔으며, 신문과 TV 등 지역 언론 그리고 NGO까지도 유기적인 협력 네트워크를 유지하였던 것이다.

네트워크의 활용에서 또 하나 두드러진 것은 지사와 직접 연결되는 사람만이 아니라 이들이 가지고 있는 제2차 네트워크까지 활용하였음을 알 수 있다. 충북도내 도시계획, 환경, 토목 등의 학자들의 지원을 받아 그들이 가지고 있는 학계의 네트워크를 활용했는가 하면, 청주광역도시권 설정의 경우에는 27명의 중앙도시계획위원에게 개인적 연고를 가지고 접근할 수 있는 충북개발연구원장과 도청 간부를 모두 동원하여 모든 위원에게 개별적으로 충북도의 입장을 설명하는데 앞장 섰다. 그것은 앞서 얘기한 네트워크의 폭뿐만이 아니라 이 지사가 구축하고 있던 네트워크의 강도가 그만큼 강했기 때문에 가능했다고 본다.

이들 사례와는 달리 밀레니엄 타운의 경우 지방의회와 경제단체만이 우호적인 네트워크 안에 들어 있었고 환경단체, 여성단체, 교수 등 여론 주도층을 참여시키고 그들의 지지를 얻어내지 못함으로써 사업 추진의 동력을 잃은 사례로 볼 수 있다.

설득, 협상, 타협 능력

혁신적인 아이디어는 많은 사람들의 반발을 야기하는 것이 너무나 자명한 일이다. 기득권을 잃는 경우는 물론이고 그렇지 않은 경우에도 단순히 '그게 왜 필요한데' 와 같은 태도로서 변화에 저항하는 것이 일반적이다. 따라서 이들의 생각을 바꾸어 지지를 얻어내는 데는 반드시 설득이 필요하다. 바이오 엑스포, 바이오토피아, 전국체전, 지역정보화 사업 등은 충북 도민과 공무원이 설득의 대상이었다. 이원종 지사는 늘 함께 일할 공무원을 최우선적으로 설득하는 전략을 택했다. 행정공무원의 경험에 비추어 일을 수행하는 공무원이 자신감이 없고 소신이 없다면 어떤 일도 성공할 수 없다는 것을 누구보다도 잘 이해하고 있었던 것으로 보인다. 그래서 이 지사는 자신과 가장 가까운 사람부터 설득의 대상으로 삼았다. 지사를 가장 가까이 보좌하는 참모가 최우선 설득 대상이고, 그 다음이 사업담당부서 직원, 그 다음은 전 직원, 그런 다음에는 각급 기관과 직능단체, 일반 주민으로 순서로 대상을 확대시켜 나간 것이다. 이러한 대중을 상대로 한 설득에서 정책이미지 형성은 매우 중요한 역할을 하였다.

한편 오송 분기역 유치, 혁신도시 유치, 중부권 내륙화물기지 유치, 문장대 · 용화온천 개발 저지 등의 사례는 충북도민 모두가 하나로 합심한 상태에서 중앙정부, 정치권, 타 자치단체 등이 설득의 대상이었다. 이 때는 충북에 유리하게 상황을 전개시키기 위해 정책의 장을 잘 활용할 필요가 있고 충북에서 가용한 모든 인적 네트워크를 중요한 수단으로 활용하였다. 이때 네트워크나 정책의 장 이상으로 중요한 설득의 수단은 결국 논리와 입증자료일 것이다. 예를 들어 혁신도시 유치의 경우 신행정수도와 70~100Km 권역에 있는 경북의 상주, 김천, 점촌과 전북의 전주와 군산이 포함되는데 120Km 떨어진 충북 북부의 제천이 배제될 수 없다는 설득 논리를 폈고 그것이 국정과제회의2004. 6. 17에서 공감을 얻어 낼 수 있었다. 뿐만 아니라 용역기관특히 교통개발연구원의 연구결과에 대해서는 아주 꼼꼼하게 내용을 분석하여 오류를 가지고 용역결과의 타당성과 신뢰성을 반박하는 합리적인 설득의 수단을 동원하였다. 대표적인 사례가 중부권 내륙화물 기지 변경인데 오류 발견을 통해 가능한 사건이었다. 이 지사는 담당 사무관을 이렇게 기술하고 있다.

사무관 한 사람의 집념이 핵심을 이루었다. 화물기지 업무를 담당했던 그는 교통개발연구원의 용역보고서를 펴놓고 대상지의 필지별로 지가를 환산하는 등 방대한 자료 속에서 허구와 오류를 발견해 내고 진돗개처럼 놓지 않고 끝까지 설득과 투쟁을 계속했다.

이러한 합리적 설득 이외에 한국에서는 정서적 설득이라는 것이 있어 보인다. 아무리 논리적으로 맞다 하더라도 호응을 얻지 못하는 경우가 있는데 개인적인 사심이 담긴 경우이다. 충북 도민의 입장에서 오송 분기역 유치, 혁신도시 유치, 중부권 내륙화물기지 유치, 문장대 · 용화온천 개발 저지는 누가 봐도 성공시켜야 할 프로젝트였다. 반면에 바이오 엑스포, 바이오토피아, 전국체전, 지역정보화 등은 도민의 입장에서 긴급하게 느끼는 사안이 아니다. 따라서 이런 사업을 추진하면서 사심이 들어있고 도민들이 '도지사 한번 더하고 싶어서 그러나' 하는 식으로 의심했다면 절대 성공하기 어려웠을 것이다.

정서적 설득을 활용한 대표적인 사례는 특급호텔 유치라고 본다. 사업성이 보이지 않는 특급호텔 유치를 충북이 고향인 기업가에게 '고향사랑' 의 애향심에 호소하여 투자를 이끌어낸 것이다. 호텔 유치에 반대하는 사람들의 근거 없는 모함에 투자를 포기하려는 기업가를 끝까지 붙들어 호텔을 준공할 수 있었던 것은 손익계산의 합리적 설득이 아니라 어쩌면 한국에서만이 통할 수 있는 정서적 설득이었던 것이다.

이 부분에서 다시 이 지사의 말을 인용하면 설득에서 진정성이 얼마나 중요한지를 알 수 있다: "초창기에 무관심 내지 배타적이었던 사람들도 엑스포 사업이 정치적 욕심이나 사적인 이해관계 없이 미래를 열어가려는 순수한 뜻을 이해하고 엑스포 성공에 적극적으로 참여하기 시작하였다." 뿐만 아니라 바이오토피아 건설로 인한 토지 보상과 묘지 이장 과정에서의 대결과 투쟁을 대화와 설득으로 이끄는 과정에서도 공무원들의 진정성을 확인할 수 있다. 사건이 해결되고 나서 투쟁의 전선에 나섰던 주민들과 공무원이 오히려 동지애를 느끼면서 "애경사에 참석하고… 농산물 등 정이 담긴 선물을 교환" 하기까지 하였다고 한다. 이러한 현장 공무원의 진정성 역시 리더의 진정성을 보여주었기 때문에 가능했을 것이다. 설득에서의 진정성은 이 지사는 "자신에게 떳떳한 것" 으로 말하고 있다. 특급호텔에서 갖은 방해와 의혹 제기에도 불구하고 끝까지 소신있게 사업을 추진할 수 있었던 가장 큰 힘이 바로 "떳떳함" 이었던 것이다.

설득이 안 되었을 때 정책기업가는 타협할 줄 아는 유연함이 필요하다. 오송 생명과학단지의 경우 중앙정부에서 사업을 취소하려는 상황에서 이원종 지사는 중앙정부가 우려하는 투자위험을 해소하기 위해 단지 규모를 당초 276만 평에서 그 절반 수준인 140만 평으로 축소하고 토지분양 책임도 도에서 맡는다는 등의 조건으로 타협하였다. 한편 단지로 수용된 토지 소유자들로 결성된 투쟁위원회에 대해서는 설득을 통해 추진위원회로 전환시키는 한편 보상가격도 결정권을 가진 중앙토지수용위원회를 설득하여 토지 소유자들에게 보다 현실적이 보상이 이루어질 수 있도록 타협을 이끌어내기도 하였다.

한편 밀레니엄 타운 사업은 설득에 실패한 사례로 보인다. 골프장 건설 계획 단계에서부터 반대 의견이 상당히 표출되었지만 이들을 설득하거나 보다 진지하게 의견을 수렴하는 과정을 거치지 않았다. 오히려 일방적으로 계획을 발표하는 등 정책기업가로서 반드시 갖추어야 할 설득과 타협의 능력을 보여주지 못하는 아쉬움을 남겼다. 밀레니엄 사례에서 얻게 되는 또 하나의 교훈은 앞에 설명한 설득의 진정성이다. 진정성은 리더가 실제 가지고 있는 마음 상태 이상으로 사람들이 실제 어떻게 받아들이느냐가 중요할 수 있다. 대중골프장 조성 사업은 기본적으로 개발사업이다. 시민단체나 주민들은 상식적으로 누군가 개발이익을 노리고 추진하는 사업으로 인식하기 쉽다. 적극적인 추진 세력이 지방의회의원과 지역 경제단체였다는 것이 그런 인식을 사실로 믿게 만들 수 있다. 저항에 부딪히자 종합레포츠 단지, 밀레니엄 타운 조성 등으로 간판을 바꾸지만 주민들은 이제 이 사업의 진정성을 믿지 않고 실제는 누군가 개발이익을 노리는 세력의 '장난'으로 간주하였을 것이다. "오얏나무 아래에서 갓끈을 고쳐 매지 말라"는 속담대로 진정성을 의심받을 수 있는 사업인 경우 그 사업의 진정한 비전이 무엇인지 리더는 스스로 묻고 또 묻는 신중함이 필요할 것이다.

조직 리더십

조직 리더십에서 빼 놓을 수 없는 것이 비전 제시이다. 비전은 미래의 꿈과 희망을 담고 있기 때문에 혁신적일 수밖에 없고 현실과 거리가 있기 마련이다. 따라서 리더십은 단순히 혁신적인 비전을 제시하는 것으로 끝나는 것이 아니라 사람들이 그것이 실현가능하다고 믿고 호응해줄 수 있도록 만드는 것이 중요하다. 바이오토피아 사례에서 보듯이 이 지사는 'Biotech로 열어가는 Utopia' 건설이라는 비전을 가지고 있었다. 하지만 유토피아를 충북도민이 얼마나 현실적인 것으로 받아들이고 그런 유토피아에 살고 싶다는 자극을 주었을

까? 이 지사는 현실과 비전바이오토피아과의 정서적 거리감을 줄이기 위하여 그 중간에 바이오 엑스포를 활용했다고 본다. 바이오 엑스포 전시장의 구성에서 제2구역 교육의 장에 생명관, 의약관, 미래관을 만들어 바이오 기술과 산업이 가져다 줄 혜택을 학습할 기회를 제공함으로써 공무원은 물론 도민들이 바이오토피아 비전을 실현가능한 현실로 인식할 수 있도록 만들었다.

리더십 차원에서 정책기업가는 이와 같이 구체적이면서 무한한 가능성을 담은 비전을 제시하여야 한다. 이러한 기준에서 또다시 밀레니엄 타운의 실패에 대한 교훈을 얻을 수 있다. 밀레니엄 타운의 초기 계획은 대중골프장을 조성해서 중산층도 저렴한 비용으로 골프를 사치가 아니라 운동으로 즐길 수 있는 문화생활의 기회를 주고자 했던 것이다. 하지만 그런 비전이 지지를 받지 못하자 종합레포츠단지로 변경시키고 최종적으로 밀레니엄 타운 건설 프로젝트로 또다시 바뀌게 된다. 계획 초기에 보다 분명하고 기대를 담은 비전을 제시하지 못한 것으로 보인다. 비전도 상황에 따라 유연하게 바뀔 수 있는 것이지만 밀레니엄 타운의 경우 미래의 큰 방향성을 유지하지 못한 채 대중요법식으로 그때그때 상황에 밀리면서 계획을 바꾸다 보니 비전 자체가 흔들리고 도지사뿐만 아니라 담당 공무원 등 추진 주체의 의지가 약화될 수밖에 없었을 것이다.

이 지사의 리더십 행사에서 가장 두드러지는 것 중의 하나는 새로운 조직을 만들어 효과적으로 활용한 것이다. 혁신적인 사고, 모험적인 사업 추진은 기존에 하고 있던 일이 아니라 새로 만들어 하는 일이다. 따라서 새로운 조직이 필요하고 과거의 업무수행방식이나 태도와는 다른 새로운 각오로 뭉쳐진 사람들이어야 한다. 이 지사는 이런 조직을 만들어 특별한 관심과 동기부여를 통해 일하는 사람들에게 '우리는 특별하다' '우리는 해낼 수 있다'는 자긍심과 자신감을 불어넣는 리더십을 보였다. 오창 산업단지 개발의 경우 13명의 '정예요원'으로 기업유치 특별대책반을 만들어 '에스키모에게 냉장고를 팔겠다'는 사명감으로 무장시켰다고 한다. 이들에게는 국장, 과장, 계장이 아니라 당시 민간기업에서 사용하던 본부장, 실장, 부장 등의 직함을 부여함으로써 기존의 관료적 사고로는 안 된다는 강력한 메시지를 전달하고 각오를 다지는 수단으로 활용하였다.

오송 분기역 유치의 경우에도 산발적으로 그때그때 상황에 대응하는 것이 아니라 전담반을 두어 행정부지사로 하여금 체계적이고 지속적이며 전략적으로 대응할 수 있는 조직체를 활용하였다. 혁신도시 유치의 경우에는 대책반을 편성해서 부지사, 부시장, 부군수를 반장으로 하고 필요할 때에는 시장 · 군수 긴급회의를 열어 정보를 공유하고 행정력을 집중시켜 유치활동에 나서기도 하였다. 이 지사는 공무원 조직뿐만 아니라 시군 지역 원로, 단체 지도자 등 민간대표도 적극 참여하고 기여할 수 있도록 하였는데 혁신도시 자문단이 대표적인 사례라 하겠다. 이러한 외부 조직을 활용해서 도내 지역 간 대립과 분열을 방지하고 도민화합을 이끄는 데 중요한 역할을 한 것으로 보인다. 청주광역도시권을 설득하는 과정에서는 대학교수, 도시계획기술사, 연구원 전문가, 공무원 등 다양한 분야의 사람들을 모아 부족한 부분을 보완하면서 대책팀 전체의 역량을 극대화함으로써 큰 성과를 거두었다고 본다. 특히 공무원의 경험과 역량이 부족할 때 바이오 엑스포 사례에서 알 수 있듯이 관련 학회, 협회, 교수, 기업, 기획사 등 최고 권위자들로 지원단을 구성해서 도움을 받기도 하였다.

이 외에도 이 지사의 리더십에서 교훈이 될 수 있는 것으로 솔선수범과 동기부여를 들 수 있겠다. 이 지사는 "크고 힘든 일을 아랫사람들에게만 맞기면 달성 정도도 높지 않으려니와 유능한 상사로 평가해주지 않는다"면서 힘든 일일수록 직접 부하 직원에게 맡기지 말고 직접 해결하는 자세를 강조한다. 구체적인 사례로 바이오 엑스포를 개최하면서 국고를 지원받기 위해 기획예산처장관을 직접 만나 설득한 것, 경기도 등 타 시도의 비협조에서도 상무팀을 개최지 선수로 출전할 수 있도록 하기 위하여 대통령에 직접 건의하여 국방부장관 및 대한체육회장과의 협의해서 일을 성사시킨 것 등을 들 수 있다. 관료제의 계층구조는 상하 계급에 따라 수행할 수 있는 일의 경중이 다르다. 리더는 부하 직원이 해결하기에 힘겨운 일을 더 이상 맡겨만 놓지 말고 직접 해결하는 자세가 필요하다.

이 지사의 동기부여 방법은 인센티브의 활용과 주인의식의 고취로 보인다. 전자는 리더십 유형으로 볼 때 거래적 리더십이고 후자는 변혁적 리더십에 가깝다. 전자의 경우 가시적인 보상을 활용하는데 승진을 포함한 영전, 근무평정, 상훈 등 인사상의 인센티브를 활용하였다. 중부권 화물기지 유치 과정에서 용역보고서의 잘못을 세세하게 분석하여 결국 충북의 입장을 관철시킨 담당 공무원에 대하여 승진 배수 안에서 최하위였지만 승진시킨 것, 바이오 엑스포에서 핵심 역할을 수행한 공무원들에게도 사전에 약속한 인사상의 특전을 줌으로써 일 잘하면 분명히 보상이 따른다는 메시지를 지속적으로 전달하여 동기부여의 중요한 수단으로 활용하였다. 더욱 중요한 것은 성공한 공功은 지사가 가져가고 그 대가로 직원들에게 보상을 한 것이 아니라 공 자체를 참여한 모든 사람들에게 돌린 것이 동기부여와 주인의식 고취에 핵심이지 않았을까 생각한다.

눈에 보이지는 않지만 사람들이 더 중요시하는 욕구가 있다. 인정과 성취 욕구를 충족시켜주는 것인데 이 지사는 특히 사업별로 가장 적합한 사람을 선발하여 이들에게 '정예요원' '특공대' 등의 명칭을 붙여주면서 그들이 특별함을 인식시켰다. 이 지사는 이들 요원이 평소 생각하지 못했던 지적 통찰력혁신적인 아이디어과 존중욕구와 같은 상위 차원의 욕구에 대한 갈망이 일어나도록 영감을 주고 개인적으로 배려하는 등 변혁적 리더십의 특성을 잘 보여주었다. 전국체전 사례를 통해 리더십이 얼마나 중요한지를 강조하면서 이 지사는 바로 이 부분에 대한 소견을 이렇게 밝히고 있다:

> 누구에게나 성취욕은 있다. 피동적으로 끌려가는 것보다 스스로 주역이 되어 일할 때에 성취도가 높아질 뿐만 아니라 일의 질도 훨씬 좋아진다. 개인별 강점을 칭찬해주고 기대치를 부여하면 그 이상을 달성해낸다. 그리고 자기가 주도하여 해낸 일이라고 자랑하게 된다.

공무원뿐만 아니라 택시기사, 숙박업 협회, 음식업 협회, 의사회, 간호사회, 한의사회, 약사회 등의 각종 직능 단체 회원들, 그리고 새마을 지도자, 부녀회, 바르게살기협회, 민간사회단체연합회, 해병전우회 등 민간단체의 자원봉사자들조차 전국체전을 성공적으로 이끌기 위해 꽃길을 가꾸고 거리를 청소하는데 앞장섰다는 것은 금전적 보상이 아니라 충북도민의 자긍심과 주인의식을 자극한 이 지사의 변혁적 동기부여에서 가능했다고 본다.

REFERENCE

참고문헌

김위찬, 르네 마보안, 2005, 「블루오션 전략」, 교보문고.

이코노믹 리뷰, 2007. 3. 27.

Baumgartner, Frank R., & Jones, Bryan D., 1991, Agenda Dynamics and Policy Subsystems, *The Journal of Politics*, Vol. 53, No. 4, pp. 1044-1074.

Baumgartner, Frank R., & Jones, Bryan D., 1993, *Agendas and Instability in American Politics*, Chicago, IL: University of Chicago Press.

Bernier, Luc, and Hafsi, Taieb, 2007, The Changing Nature of Public Entrepreneurship, *Public Administration Review*, Vol. 67, No. 3, pp. 488-503.

Burns, James M. 2004, *Transforming Leadership: a New Pursuit of Happiness*, New York: Grove Press.

Grebel, Thomas, 2004, *Entrepreneurship: A New Perspective*, New York: Routledge.

Kingdon, John W., 1984, *Agendas, Alternatives, and Public Policies*, Boston: Little, Brown and Company.

Maslow, Abraham, 1954, *Motivation and Personality*, Harper & Brothers.

MacKenzie, Chris, 2004, Policy Entrepreneurship in Australia: A Conceptual Review and Application, *Australian Journal of Political Science*, Vol. 39, No. 2, pp. 367-386.

Moe, Ronald C., 1994, The Reinventing Government Exercise: Misinterpreting the Problem, Misjudging the Consequences, *Public Administration Review*, Vol. 49, No. 6, pp. 321-329.

Morris, Michael H., and Jones, Foard E. 1999, Entrepreneurship in Established Organizations: The Case of the Public Sector, *Entrepreneurship Theory and Practice*, Vol. 24, No. 1, pp. 71-91.

Rainey, Hal G., 1983, Public Agencies and Private Firms: Incentives, Goals and Individual Roles, *Administration & Society*, Vol. 15, No. 2, pp. 207-242.

Schneider, Mark, Paul Teske, and Michael Mintrom, 1995, *Public Entrepreneurs: Agents for Change in American Government*, Princeton, NJ: Princeton University Press.

Schumpeter, Joseph, 1934, *Theory of Economic Development*, Cambridge, MA: Harvard University Press.

Williamson, Oliver E., 1975, *Markets and Hierarchies: Analysis and Anti-trust Implications*, New York: Free Press.

▒ 공저자 약력 ▒

이원종 李元鐘

성균관대학교 행정학과 졸업
성균관대학교 명예 행정학박사
제 4 회 행정고등고시 합격
서울특별시 4개 국장, 5개 구청장
대통령비서실 내무행정비서관(관리관)
제26대 충청북도지사
제27대 서울특별시장
제 4 대 서원대학교 총장
제30대 충청북도지사(민선 2기)
제31대 충청북도지사(민선 3기)
성균관대학교 국정관리대학원 석좌교수(현)

저 서
생명 속의 생명(2008, 페이지 원)

유민봉 庾敏鳳

성균관대학교 행정학과 졸업, 행정학사
텍사스주립대학교 존슨정책대학원, 정책학석사
오하이오주립대학교, 행정학박사
제23회 행정고등고시 합격
성균관대학교 교수(현)
오하이오주립대학교 교환 및 초빙교수
듀크대학교 교환교수
성균관대학교 기획조정처장
성균관대학교 국정관리대학원장(현)

저 서
나를 찾아가는 자기경영(2003, 미래경영개발연구원)
한국 행정학(2005, 박영사)

공공정책과 기업가형 리더십-이원종 전 충북지사의 현장사례-

2008年 12月 20日 初版發行
2009年 2月 20日 重版發行

共著者 이원종 · 유민봉
發行人 安 鍾 萬
發行處 (株) 博 英 社
서울特別市 鍾路區 平洞 13-31番地
電話 (733)6771 FAX (736)4818
登錄 1959. 3. 11. 제300-1959-1호(倫)

www.pakyoungsa.co.kr e-mail: pys@pakyoungsa.co.kr

定 價 15,000원 ISBN 978-89-7189-881-9